DISRUPTIVE MARKETING

（美）杰弗里·科隆 著
邱凯生 译

颠覆性营销
大互联时代下的
营销新思维与新技能

What

Growth Hackers,

Data Punks,

and Other Hybrid

Thinkers Can

Teach Us About

Navigating the

New Normal

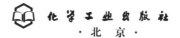

·北京·

Disruptive Marketing, 1st edition by Geoffrey Colon

ISBN 978-0-81443-739-1

Copyright © 2016 by Geoffrey Colon. All rights reserved.

Authorized translation from the English language edition published by HarperCollins Leadership, a division of HarperCollins Focus.

本书中文简体字版由 HarperCollins Leadership, a division of HarperCollins Focus 授权化学工业出版社独家出版发行。

本版本仅限在中国内地（不包括中国台湾地区和香港、澳门特别行政区）销售，不得销往中国以外的其他地区。未经许可，不得以任何方式复制或抄袭本书的任何部分，违者必究。

北京市版权局著作权合同登记号：01-2018-5733

图书在版编目（CIP）数据

颠覆性营销：大互联时代下的营销新思维与新技能 /（美）杰弗里·科隆（Geoffrey Colon）著；邱凯生译. —北京：化学工业出版社，2018.10

书名原文：Disruptive Marketing

ISBN 978-7-122-32833-5

Ⅰ.①颠… Ⅱ.①杰… ②邱… Ⅲ.①营销 Ⅳ.①F713.5

中国版本图书馆 CIP 数据核字（2018）第 185754 号

责任编辑：王冬军　张　盼	装帧设计：水玉银文化
责任校对：边　涛	

出版发行：化学工业出版社（北京市东城区青年湖南街 13 号　邮政编码 100011）
印　　装：三河市双峰印刷装订有限公司
710mm×1000mm　1/16　印张 16¼　字数 246 千字　2018 年 11 月北京第 1 版第 1 次印刷

购书咨询：010-64518888　　　　　　　　　　售后服务：010-64518899
网　　址：http://www.cip.com.cn
凡购买本书，如有缺损质量问题，本社销售中心负责调换。

定　价：49.80 元　　　　　　　　　　　　　　版权所有　违者必究

立足事实,因灵感而激发,真实的体验引出令人信服的故事,《颠覆性营销》是一本值得从头到尾阅读的好书。

——**杰米·古特弗罗因德**(Jamie Gutfreund),
伟门公司(Wunderman)**全球首席市场官**

相比以前,市场营销和产品创新的速度越来越快。为什么有的公司蓬勃发展,而有的公司却日渐衰落?差别就在于他们拓展营销和产品开发的方式不同。在本书中,科隆为你提供了改变思维的工具和实现增长的方法,让你可以领先潮流。

——**肖恩·埃利斯**(Sean Ellis) **与摩根·布朗**(Morgan Brown),
增长黑客网站(GrowthHackers.com)

现在,成熟的营销人正在面对比以往更多的挑战,而他们多年的经验在某种程度上反而成为劣势。本书展示了这样一个时代:专业创意人员努力避开传统的企业组织等级,市场推广的责任被广泛地落实到企业的各个部门里;品牌通过顾客的相互分享获得曝光,而不是由既有的媒体灌输。杰弗里·科隆提供了一些生动的例子来说明创新者们是如何驾驭此事的,同时提供了一张直观的、未来数年将要发生的更多变化的路线图。

——**大卫·伯科威茨**(David Berkowitz),
MRY 首席市场官

现在我终于有了这样一本才华横溢的好书可以寄给那些客户——他们不愿意相信这一点:想要迎头跟上,他们需要抛弃先入为主的想法,睁大眼睛去观察,并且变得更为大胆一些。营销人,你们要坐稳了,因为这本书将会让你驭马飞奔。通过富有趣味的文字和难以驳倒的证据,杰弗里·科隆提炼出我们所有人都需要知道的内容,即如何在数字世界中获得成功。既然对于我们的世界来说,唯一不变的是变化本身,每一个营销人,如果他想要知道如何才能变得更加敏捷、如何能够生存下来,他的案头一定需要这本书。

——梅尔·卡森(Mel Carson),
《数字化先锋》(Pioneers of Digital) 合著作者,
《个人品牌营销》(Introduction to Personal Branding) 作者

  这本书会让你发现,关于营销,你以前觉得很适应的地方很快会变得不那么适应,除非你可以快速拥抱变化。科隆对这种变化进行了很有说服力的说明。对这本精彩著作的最好归纳,也许就是它末章的标题:学习,忘却,再学习。

——黛安娜·杨(Diane Young),
TheDrum.com 联合创始人

  在这本书中,杰弗里·科隆证明了减少繁复的、官僚化的和独断专行的领导机制是正确的事情;在当代营销人面对挑战的时候,这种机制造成了更多障碍——妨碍发现并迅速实施解决方案的障碍。在当前的情境下,只见树木不见森林的看法是非常不正确的。无法正视改变,或者心理上不愿意接受改变,这是一个营销人走向末路的开始。科隆陈述了事实——完整的事实,舍此无它的事实,即:我们的行业正在被颠覆,任何拒绝适应这种颠覆的人将会被淘汰。

——梅拉妮·迪兹尔(Melanie Deziel),
获奖品牌内容策划师

  这是一次充满智慧和乐趣的阅读,直达我们当前在营销上所面临的主要问题的核心,并提供了解决之道。这是一部案头必备图书,也是你的老板所需要的书。

——马修·斯威泽(Mathew Sweezey),
软营(Salesforce)市场洞察专家

  本书并非是一本类似营销宣言的商业书籍。它的核心信息是:市场营销并非是一套核心规则或有效实践，更不是企业中的一个部门，它是一种思维方式。颠覆性营销从每一个人和每一个行业中汲取天才和灵感，把你的品牌灌输于你所有的工作中，甚至灌输到你的生存状态中，并针对目标客户进行品牌互动。杰弗里·科隆的目标是要把我们从预先的假设中解放出来，从"一招鲜吃遍天"的思维中解放出来。他告诉我们，我们必须聚焦在真正起作用的东西上，并牢牢抓住它们，也就是：时间、注意力和交流对话。这本书能够一次实现所有的目标：覆盖范围广、有创意、有企图、有远见、观点犀利、可操作性强，等等。而这些品质，如科隆所说，恰恰是我们的营销战略所需要具备的。

——**霍利·爱泼斯坦·奥哈尔沃**（Holly Epstein Ojalvo），
数字新闻网站 Kicker（GoKicker.com）**创始人兼总编辑**

科隆提供了一种非常大胆而有益的看法，挑战了所谓创意只源于传统流程和专业创意团队的现状。如今的创意想法来自于多元化思考者的早期协作中，这些思考者都做好了行动的准备，他们的初期过程可能很不舒服，但最后总能取得最让人惊奇的结果。正如科隆指出的，闭门造车的人可能远远不是所期望的人，而这种变化是可喜的。（他关于在发明产品之前就撰写好新闻稿的想法也非常精彩。）

——**林赛·斯拉比**（Lindsey Slaby），
周日晚餐机构（Sunday Dinner Agency）**创始人**

科隆在营销领域独特的职业历程，让他拥有独特的洞察力和能力去思考市场营销和创新的未来。对于那些希望走在发展浪潮和竞争前面的人来说，特别是对那些刚刚开始职业生涯的年轻人来说，这本书是必读的。这本书在讲述概念的同时提供了具体的资源和工具，会让你充满激情，为着手实施新的、创造性的营销想法做好准备。

——**埃米莉·米斯纳**（Emily Miethner），
FindSpark.com 创始人兼 CEO

科隆成功地阐述了三种无形技能——共鸣、设计和情绪智力，这些技能对于颠覆性营销和思维非常重要。这些关键素质将帮助千禧一代的营销人打下他们事业的基础，使行业中的资深人士反思他们取悦顾客的手段。各个年龄段的营销人都将从深度阅读这本书中获得益处。

——泰·特朗（Tai Tran），
2016年福布斯30位30岁以下青年俊杰奖得主，
2015年领英顶尖创意人奖得主

科隆以他个人的体验，很有说服力地说明"生产主义"一词已经不再是一种噱头。"客户共同创造"的这种艺术变得更为现实。如今的受众再也不会满足于以类似单机模式来消费内容。很多人希望参与产品生产的过程，而且在很多情况下，他们希望能在塑造产品的过程中主动地发声。随着社交媒体上的活动越来越多，更多的人将会加入其中；而杰弗里准确地预测：未来最富创新性的公司，它们的基因里就包含着生产主义的特质。

——罗思·哈勒（Rohan Khara），
Jabbercast联合创始人兼COO

科隆在有关播客的一章中阐释了他的理论：任何人都可以成为创作者和制作人——这是理解营销正在如何变化的关键。文案并不再只是关于品牌的信息，而是由很多人一起创作的内容产品。科隆以个人的专业经验启发读者：与其说是营销人要做好自己的营销，不如说营销是所有喜欢你的产品的人共同来操作的。

——帕尔维兹·帕维茨（Parviz Parvizi），
Clammr联合创始人

献给亲爱的艾莉森、奥利芙和玛蒂尔达

> 商业只有两个功能——营销和创新。
>
> 米兰·昆德拉
> (Milan Kundera)

> 物种的消亡是因为,在它们既有的身体和设计中,包含了先天的限制因素。
>
> 凯文·凯利
> (Kevin Kelly)

> 市场营销最具有颠覆性的不是技术,而是客户。
>
> 蒂法妮·博瓦
> (Tiffani Bova)

> 要养成想象不同替代场景的习惯。当你提出类似"想象一下,如果……"的问题时,可以让自己远离框架、暗示、固定思维或花言巧语的影响。
>
> 诺瑞娜·赫兹
> (Noreena Hertz)

目录

序言 // XI

前言 // XV

导论 "如果……会怎样?" // 001

第一部分　没有规则的世界

第 1 章　颠覆性思维:创造,对接,适应 // 023

第 2 章　颠覆的持续:永久的改变 // 037

第 3 章　无组织时代的创意颠覆 // 050

第 4 章　你的公司需要混合型人才 // 069

第二部分　营销成功的新个性

第 5 章　颠覆性营销人的思维 // 089

第 6 章　天才匠人和"临时"的营销人 // 108

第三部分　颠覆性营销的组成模块

第 7 章　内容为王，内容分发是王后 // 131

第 8 章　社交化设计以及后数字化时代的来临 // 150

第四部分　颠覆性营销人的四大核心技能

第 9 章　核心技能 1：一直保持倾听 // 163

第 10 章　核心技能 2：不为光彩耀眼的目标所诱惑 // 177

第 11 章　核心技能 3：回报——新营销的伦理 // 186

第 12 章　核心技能 4：学习，忘却，再学习 // 193

尾声　感情支配 // 201

后记 // 205

致谢 // 207

附录 // 211

工具类别目录 // 212

注释 // 218

拓展阅读 // 231

访谈对象 // 233

关于作者 // 235

译后记 // 237

DISRUPTIVE | 序　言
MARKETING

　　你选择这本书是不是因为你觉得它的封面看起来挺有趣？你选择读这本书是不是因为你总有无穷的好奇心，或者是某个朋友曾经跟你讲到过这本书？你是不是觉得自己是创业者、预见者、冒险者、开拓者或者艺术家群体中的一员？你是否一直在努力理解一个新的岗位、公司、行业、技术，还是你觉得在这个快速变化的时代里自己已经落伍了？

　　不管是出于何种原因选中了这本书，你都是做出了一个聪明的选择。因为通过阅读本书，你将确保自己的事业可以应对这个工业革命以来最为剧烈的时代巨变。

　　杰弗里和我曾经一起在奥美集团①工作过。彼时品牌营销人员们刚刚开始了解全新的汇聚人流的互联网世界的潜力，我们现在把这种平台、技术、人流和各种利益集团的全球大融合称为"社交媒体"。我们花时间为我们的客户和工作伙伴策划新的创意和概念，培训我们周围的人去研究新的数字空间中的用户行为所具有的潜力，钻研这些新平台的玩法，看看它们如何为品牌服务。我读到本书的时候感到很高兴：它不仅让我回想起以前我们一起制作周播的播客节目时的交流

---

① 奥美集团（Ogilvy & Mather），由大卫·奥格威（David Ogilvy）于1948年创立，目前已发展成为全球最大的传播集团之一，为众多世界知名品牌提供全方位传播服务。——编者注

对话，更重要的是，这本书就是我一直希望杰弗里能写出来的作品。

杰弗里是一位天才的讲述者，是一个双眼永远紧盯着未来的人。他的才华使他可以从宏观视角观察线上与线下、周围与前方的趋势和行为，并从中提炼出干货内容分享给今天的营销界。

这本书所阐述的就是这样的内容。

这本书充满了各种创意想法，它们会占据你的大脑，并且挥之不去，让你总想和周围的人分享。这本书记录了过去二十年我们见证的巨大变化，这些变化源自技术和通信的创新以及它们对我们的生活所产生的影响。对于你，亲爱的读者，它也会让你为第二轮、第三轮的行动做好准备。

杰弗里援引体育运动、朋克摇滚、DJ打碟、教书育人、为人父母等活动，分享了很多源自历史掌故、个人丰富的人生体验、私人和公务旅行中的趣闻轶事，而不是沿用那些在商业类著作中多少已经被用滥的案例研究。这些多样体验的分享恰恰向我们勾画出了什么是颠覆性营销者，而既然成为一个颠覆性营销者毫无章法可循，我们总可以通过对他的做法有样学样而成为其中一员吧。他总是激发我们去思考"如果……那么……"，他把提出这类问题放到了一个非常重要的地位，同时描绘了一幅非常激动人心的数字营销演进图，而这种不断进化的数字营销在不远的将来可能会大放异彩。

请注意：本书不是说明性操作手册，不是分步教程，也不是针对最新的社交平台和数字平台的详细攻略。这是一部会改变我们行为的基础性论著——从唐·德雷柏[①]时代的线性营销技术，变为线上和线下营销中更加机动灵活的营销手段，使我们既能立足当前工作，又因此找到进入未来之路。

新的工作环境已经是创意勃发。颠覆，已经成为商业领域的一种规范。颠覆性营销人必须身兼二职，既是善于分析和创意的通才，又是长于从战略制定到战

[①] 唐·德雷柏（Don Draper），是一部知名的美国年代剧《广告狂人》（*Mad Men*）的男主角。故事由一群20世纪60年代前后广告人的事业和生活切入，反映了当时美国社会、经济、政治的各个方面。全剧共7季，从2007年首播，到2015年全剧结束，其间多次获奖。——译者注

略实施全程运营的专家。

先把对 MBA 的依赖扔到一边，享受一下这本书新鲜刺激而富于启迪的文字吧。

本书使用了大量的工具、理论、相关的参考论点、趣闻轶事和新颖的观点指导，是对我们今天生活的这个以技术驱动的世界的一次精彩之旅。这本书是在商业社会里的每一个人都需要聆听的私享指南。

谢谢你，杰弗里。

杰玛·克雷文（Gemma Craven）
麦肯世界集团[①] 高级副总裁，
社交与移动部门总监

[①] 麦肯世界集团（McCann Erickson），全球著名的跨国 4A 广告公司之一，也是最大的广告服务网络系统之一，提供整合传播服务。其成立于 1902 年，总部设在美国纽约。——译者注

前言

作为《颠覆性营销》一书的写作者,对于商业、人类行为、技术和沟通交流之间是如何交叉关联的,以及它们是如何被我们周围的世界改变的,我既感到好奇,又沉迷其中。我是一个非传统的营销者,因为从天性上来说我就不是一个传统的人。我喜欢 B2B 营销[①],会推动商业做出超越平凡的思考。如果你曾经见过我,或者有机会听过我的讲话,你可能觉得我是一个艺术家、画家、设计师、DJ,或者一个摇滚乐队的鼓手,而不是那种西装革履兜售营销方案的人。不过,你也没有太大的偏差,在我生活的不同时间里,我拥有过上述那些不同的形象。

我对于商业颠覆的沉迷源自我的家教和职业轨迹。我在宾夕法尼亚州的伯利恒市长大。不知你是否听说过这个地方,这里曾经是一个很大的公司——伯利恒钢铁[②]——的所在地。先父弗兰克 1964 年从匹兹堡搬到伯利恒时,伯利恒钢铁是一家年收入达 5.75 亿美元的大企业。当他 2003 年快要退休的时候,这个企业已经倒闭了。

[①] B2B 营销指 Business to Business Marketing,即企业对企业之间的营销行为。——译者注
[②] 伯利恒钢铁公司(Bethlehem Steel)曾是美国第二大钢铁公司。它成立于 1857 年,于 2001 年申请破产保护,2003 年倒闭。2007 年其最终资产被一家名为"伯利恒沙地赌场度假村"(Sands Casino Resort Bethlehem)的公司收购。——译者注

杰弗里·科隆
@ djgeoffe

再也没有所谓的品牌营销了。客户拥有你的品牌，现在是客户营销。
#disruptivefm

2016 年 2 月 21 日 18:22

很多人说，导致伯利恒钢铁公司倒闭的原因有很多，包括：人力成本、退休员工的养老金、钢材的价格，以及对工业用钢的需求下降等。但实际上，在 20 世纪 80 年代和 90 年代，那时伯利恒钢铁公司正在进行艰难的重组工作，它忽视了那些特殊的钢材生产企业，或者叫"小型化工厂"，它们可以用更低的成本生产钢材。从某个角度说，伯利恒钢铁被颠覆了，它并没有采用符合客户需求的思维和工作流程——这在颠覆性创新中是司空见惯的故事。

1998 年，我住在纽约，在音乐产业中工作。我在《音乐周刊》中读到一种叫 MP3 的技术。这一年是音乐产品以实物载体发行的最高峰。每周有千百万张顶级艺术家录制的 CD 光盘提供给顾客，年销售额达到 150 亿美元。

《音乐周刊》的文章预告了大剧落幕的开始。巧合的是，1998 年票房收入最高的电影是《泰坦尼克号》。简直找不到更恰当的比喻来说明即将发生的事情了。在 1999 年，Napster[①] 破壳而出，解决了一个过去音乐厂牌无法解决的问题。Napster 在它最初的形式中，是一种音乐搜索和分享服务。可以肯定的是，人们下载了很多他们不会花钱购买的歌曲，但这有一部分原因是，即使顾客在一整张

[①] Napster 是一款可以在网络中下载自己想要的 MP3 文件的软件。它同时能够让自己的机器也成为一台服务器，为其他用户提供下载。——译者注

CD 中可能只喜欢其中一首单曲，而另外 11 首是烂歌，唱片业的人也会迫使顾客以 17.99 美元的价格购买整张 CD。这种做强买强卖生意的习惯是精明的商人从纽约市的街道或夜总会里学习来的经验。谁会在乎终端产品？他们的态度是："只要保持收支报表里的利润是正数就可以了，利润才是需要考虑的事情。"

唱片业的人在理解客户情感方面反应很慢，把客户当作一台自动提款机，而不是他们的生意命脉。当他们为了减少免费下载和分享行为，对 Napster 提出诉讼的时候，他们已经成了人民公敌。

一切都太晚了。就像很多"对创新的诉讼"（sue innovation）——我把它称为"《加州靡情》①情境"，这些运动告诉我们，只要某些事情已经植入人的意识中，你就很难通过诉讼的方式来扭转他的行为。从 1996 年到 2002 年我一直在音乐产业中打拼，在那个期间，消费者最终获得胜利，让这个行业进入了转折期。之后，一个叫史蒂夫·乔布斯的人开始经营他的名为"苹果"的公司，使用 Napster 模式开发了 iTunes，最终形成了一种被普遍接受的购买音乐的方式。

时间快进到 2013 年。我已经进入了广告代理公司。在每个特定的项目中我都要分析大量的消费者体验数据，我由此注意到数学并不是总能说明一切。而广告公司和广告客户所做的事情对照消费者行为，显得非常奇怪。最近的报道来自玛丽·米克（Mary Meeker）的 2015 年互联网趋势报告：众所周知，美国人每日读屏时间的 1/3 花在电视上，2/3 花在类似智能手机的数字媒体上。但广告公司和品牌仅仅把 8% 左右的广告预算花在移动设备上，而更多的配额（大约 41%）花在电视上。电视广告可以用 30 秒或 60 秒的时长来进行宣传，但行业中人完全忽视了一个事实：用户行为正在趋向一个完全不同的媒体！

很多广告公司是按电视产业的广告规则组建起来的，而它们获得收入的方式是像律师事务所那样按时间收费。当它们面对颠覆的时候，它们像很多其他产业的人一样：不是保持好奇心，不是努力去学习新东西，它们紧紧抓住的是那些按

---

① 《加州靡情》（Californication）是一部美国喜剧类电视剧，讲述了一个失意的男人，一方面沉浸在酗酒嗑药和无止境的性爱中不能自拔，另一方面却想重新赢得前妻女的爱的故事。——译者注

它们所知唯一能够保持收入的东西。用经济学的术语说，它们把稀缺当作救命稻草。它们无法实现模式的转型——这种转换意味着它们要从已经沿用了几十年的操作方式上转变，用完全不同的方式工作。很多广告公司顶层的领导人认为剧烈的顾客行为变化只是因为"数据不理想"（bad data）造成的，而不去努力发现新的、独特的解决办法。

现在，我们将面临21世纪的第二个十年的结束。对很多颠覆性营销人来说，转型需要深入到企业内部。当我在2013年看到广告代理公司模式即将衰败的预兆，我跳上一架横穿美国的班机到达西雅图，加入了微软。微软的环境是我的职业生涯中到目前为止觉得最有意思的地方（不过在科技产业，没有一个地方是真正安稳的）。

如果你希望享受不确定性，那就加入一家科技型企业或者创业型企业吧。这里没有成功的保证，因为商业模式是由资本认定的，充满想象的产品是通过代码进入生活的。实际上，如果科技型企业仍然用传统的思维方式打造它们的商业计划，它们面对颠覆性挑战时的安全性可能更低。

在20世纪的商业社会中，曾经的经验通常能为未来的或正在进行的策略提供信息，从而帮助营销专家和管理专家掌控局面。但是在21世纪，商业的成功却很难从过去复制到未来。

最佳的思维方式已经开始启动：数据朋克、设计师和混合式创意人，他们一般都有在设计、视频制作、心理学和统计学方面的背景和技能，经历了客户体验和创新文化对自己的思维洗脑，使用社会化商业的模式和洞察进行工作，而不是沿用等级化的组织结构图。

这是颠覆性营销。这是新的世界。

· · ·

我工作时从不系领带，领带会让创意窒息。（我是从理查德·布兰森①那里学

---

① 理查德·布兰森（Richard Brandson），维珍集团（Virgin）的创始人，全世界最引人注目的"嬉皮士资本家"。他是一位具有传奇色彩的亿万富翁，以特立独行著称，曾驾驶热气球飞越大西洋和太平洋。1999年，英国伊丽莎白女王册封布兰森为爵士。——译者注

到这一点的。1999年至2002年我曾在他的一家公司工作。）我在微软时不会坐在桌边工作。营销只有走出去看世界，观察你周围的事物，才能获得最好的结果。因为营销是关于人的，而不是关于干巴巴的数据的。

我喜欢购买和阅读纸质的图书〔尽管如此，我也喜欢数字化，制造数字化口碑的最佳方式是"后数字化"（post-digital），这一点我将在第8章中进行说明〕。与很多进入营销圈的人所走的传统职业之路相比，我的背景并不一样。

而我希望在你更多地阅读了本书之后，你会开始从那种线性发展的职业路径、营销计划以及低效率的组织层级结构中摆脱出来。

今天的一些最佳营销思维并不是来自于现有的营销世界，其中很多人并没有MBA学位。在这个世界里要想获得很大的成功，你没有必要非走那条道路。

写作这本书的时候，我并不希望你，亲爱的读者，因为某些原因觉得这本书和你没有关系，比如因为你不像我一样在一家大企业工作。(有些商业作者忽视他们的读者背景的多样化，没能让他们的著作更符合读者的特定需求，这一点我很不赞成。)而且我也不希望你觉得这本书就是为了营销人写作的。大多数的营销人会觉得这本书是有意义的，而且我还希望，是能激发他们灵感的。相信所有人应该读一读这本书，从中采纳并形成黑客的性格和情商，这种性格和情商是商业成功所必需的。

对于一个为全球500强的科技企业工作，同时又是身为圈外人和文化搅局者的人来说，写作一本MBA的营销模式的书，研究顶层漏斗模式[①]、客户体验历程以及价值主张，是毫无意义的事情。虽然现在有人希望得到的是"多项选择题"形式的考试答案，但我的方式更像是一种"蓝皮书考试"[②]。至于有关客户群区隔、客户体验历程、漏斗，以及客户科学的这些问题，提供严格答案的事情还是留给那些由传统的营销大师们写成的营销书籍来做吧。

---

① 顶层漏斗模式（Top of the Funnel），或称购买漏斗模式，是西方经典的客户购买决定历程的描述。从客户知道到产生兴趣，从引起渴望到实现购买，每一个环节保持一定的存量比例，就可以使最终销售实现最大化。——译者注
② 蓝皮书考试（Blue Book Exam）是美国学校常用的一种考试方法。学生针对题目在一个蓝色小册子上完成短文或开放式答案的答题。——译者注

想要享受这本书的阅读，或者把这本书的内容应用到你的日常生活里，我希望你（当然还有你的经理）能尝试做一些你觉得在工作环境中让你很不舒服的事情：一天有20分钟不看你的手机、电脑上的任何东西，或者不去看现实世界里可能让你分心的东西。坚持一下所谓的"数字戒毒"①。当你拔去数码设备的电源，你的想法会无拘无束地自由展开、奔涌而出，而不是僵化粘连的。想象一下你想要的任何东西，但是记住要问自己："如果……那会怎样？"还要记着告诉自己："只要……"

建议大家每天都去进行这种漫想思考的实践，这会让反事实思维②变得非常有价值。这清楚地意味着创意的思考并不是建立在数据、事实或者现实之上的。想想看，如果一整天倒立行走，那会怎么样？再问问自己，从这个角度看有什么优势？或者走出门去，闭上你的眼睛，随机挑选一种颜色。然后睁开眼睛，努力在真实世界里找到尽可能多的这种颜色。或者尝试一下我最喜欢和我的两个女儿玩的游戏：创作一个随机的动物，给它一个名字。然后问你自己：这个动物会做什么？它会吃什么？它在哪儿睡觉？怎么睡？

不仅如此（其实类似的游戏我玩过很多），现在化身为另外一个人来思考问题，这个人要和你完全不同。如果你是住在旧金山的白种人男性，试试做一个在尼日利亚的拉各斯的黑人妇女。她看到什么？触摸到什么？感觉到什么？她怎样谋生？她现在使用什么技术？她在生活中面临的系统性的障碍是什么？这种想象的力量非常强大，会让你认识到某些固有的偏见是如何植入到我们的文化中去的。

这种练习很重要，因为在当前世界中，想象和同情心的力量比以往任何时候都要重要。从结果上看，关注人们的想法、信仰、行动和体验，这一点变得非常重要。任何的想法、讨论或者梦想再不像以前那样，可能是浪费时间的东西。以极大的热情追求低效率，这其中蕴含着巨大的能量。

---

① 数字戒毒（Digital Detox）指一个人远离智能手机和电脑等电子设备的一段时间，以借此机会为自己减压或将关注点转移到真实世界的社交活动中。——译者注
② 反事实思维（Counterfactual Thinking）是个体对不真实的条件或可能性进行替换的一种思维过程。它是基于人类是非理性假设的前提下提出的。——译者注

导论
"如果……会怎样？"

> 也许冒险会让你受伤，但一成不变会使你灭亡。
>
> ——佚名

"如果……会怎样？"这是你需要提出和回答的一个问题——每一天问答好几遍。对于很多难题来说，这个问题是解决的开始。

好的营销人不会提问"要么……要么……"之类二选一的问题。他们不会为某些问题寻找答案，比如说"交易还是关系？""高接触还是高技术？""目标还是利润？""规模还是速度？"毫无疑问，在执行品牌策略的时候，我们都会面临这些困难的选择。但是现在，你和客户再也不需要去放弃某个重要的东西了。在很多时候，问一下"如果……会怎样？"这会帮助你在难以判断的坎坷之路中探索。

"最强泥人"：为决策而准备的障碍训练课程

如果我邀请你一起去穿越一条泥泞小径上的灌木丛林，你会接受吗？这是2013年我刚到微软时，我的同事劳雷尔·盖书时（Laurel Geisbush）问我的问题。但这不是你们理解的一般的泥地越野跑。这是穿越障碍、考验耐力的一个项目课程。这个项目是哈佛商学院的两个学生——威尔·迪恩（Will Dean）和盖·利文斯敦（Guy Livingstone）——发明的。它的名字是"最强泥人"①。

对我们这些以营销为业的人来说,"最强泥人"是一个非常好的模拟项目。这个发生在实际景观中的项目要求很高,它设计了一些决策场景,需要参与穿越的人通过创意性和合作性的努力来获得成功。对于生手来说,不管是对于有一个领导人、其他人来跟从的小团队,还是对那些按照自己的想法尝试参赛的单个个人,这个障碍项目充满了杂乱的非理性的决策。这就是项目的重点。组织者想让你做的就是进行快速的、发自本能的决策——虽然很多决策并不让人舒服。

在"最强泥人"项目中,尽管有几个项目会要求更为直接的线性思考轨迹,那些以"如果……会怎样?"决策模式来随机应变地对付障碍的团队,得到的好处还是要超过"要么……要么……"模式。

最大的障碍:消费者掌控

根据现实客户的行为发展商业模式,是今天我们作为营销人面临的挑战。这是我们现实版的"最强泥人"。不幸的是,很多公司的建设和架构仍然是为了解决线性的、属于20世纪的营销课题。这种营销技能在过去有过出色的发挥,但实际上与今天的世界明显脱节。

菲莉帕·里德②,伦敦宏图社(Think Big Social)的总监,在为领英(LinkedIn)撰写的一篇关于品牌的权威性文章中,以极富智慧的方式说明了现在的状况:"现在有一种很强的趋势,不再像是以前那样,消费者简单地被品牌影响,而是品牌逐步被它们的消费者所控制、所影响。"

---

① "最强泥人"(Tough Mudder)是一项风靡全球的高难度的障碍挑战,在中长距离中设置了10～20多个障碍,适合各个不同年龄段的人参加。每个人与其说是比赛,不如说是挑战自己。每个人都是队友,互相帮助,突破极限。——译者注
② 菲莉帕·里德(领英注册为Philippa Reed,而非本书中的Phillipa Reed),在本书写作时(2015年)担任英国一家小型咨询机构宏社司负责社会化媒体和创意品牌的总监。目前担任位于英国约克的Karian and Box公司创意负责人。这是一家成立于2005年、应用数字化技术服务企业的人力资源和组织改造的咨询公司。文中引述文字发表于2015年8月20日《放弃掌控你的品牌:数字化是如何挑战品牌构建的》(Relinquishing control of your brand: How digital is challenging brand building),参见尾注。——译者注

造成这种异乎寻常的趋势的主要驱动是：社交网络、智能手机、App、在线论坛以及博客等，这些新事物同样也改变着我们的生活方式。数字媒体持续性的渗透正在重塑着各种角色，而这些角色以前是由品牌战略策划人、媒介购买者、广告代理公司、品牌和市场营销部门控制的。客户以前会被动接受品牌信息的冲击，而现在他们更像是在扮演媒介人、出版商、制作人和评论家的角色。换个角度说，品牌对客户的控制力远远弱于以前，而它们必须以积极的姿态去适应这种刚刚被认识到的现实。

问问你自己：

- 如果我们成为这样一种营销人，我们提炼的信息与品牌故事无关，而是更多地与社会责任有关，那会怎样？
- 如果我们成为这样一种营销人，以前我们会想方设法通过某些基于客户印象的相关指标来提高品牌认知度，而现在我们转为使用其他指标，比如情感，以此作为工作指导，那会怎样？
- 如果我们颠覆收入模式，由那种传统实践中的媒介购买和广告支持转向采用更加非传统的模式，例如客户关系管理①，由客户设计并开发新产品，那会怎样？

听起来很容易，但同时又很危险，是不是？

对于有些人来说，可能这是太危险的事情了，而这正是营销难以推进发展的一个原因。在我看来，主流营销还没有适应消费者行为的巨大变化，并做出真正的改变。

---

① 客户关系管理（Customer Relationship Management，简称 CRM），是高德纳公司（Gartner）1999 年提出的一个概念，后续逐步成为企业管理中一个重要的命题。其主要内容是基于客户多样性的要求及由此产生的新的市场规则，企业通过利用各种信息领域、管理领域的技术和应用，协调与客户之间的关系，通过更有个性、效率更高、体验更好的交互和服务，增强自身的竞争力和市场份额。——译者注

最大的问题：坚持用旧的方法来解决问题

商业中最大的一个问题就是：不愿意采用新的方法来创造性地解决问题。我迄今为止的大部分职业时间，都是花在广告代理公司里。在广告公司的世界里，人们总是要努力解决问题：顾客体验问题、甲方客户问题、设计问题、技术问题。在 21 世纪，大部分的工作都是和解决我们身边的问题相关的。为什么？因为这个世界是复杂的。对于我们面临的一些障碍，那些既没有想象力，也不是以人为本的解决问题模式是无法奏效的。

太多的公司把客户问题当作是员工问题。因为员工无法解决客户的问题，就归罪于员工的能力，而不是去找新的解决之道。他们不愿意尝试不同的做法来解决客户问题。而这种情况最终变成恶性循环。

为什么会这样？我相信部分原因是咨询机构造成的，而商业社会经常需要向这些机构求教。例如，很多商业著作的作者要么背后有一张 MBA 文凭，要么有 30 年的从业经验，这些好像荣誉勋章一样挂在胸前。而实际上，我们想当然地用来当作成功指标的东西现在已经落伍了，这是从数据统计和其他间接性的知识得来的判断。从结果上看，提出严格定义的、步骤严密的、给出流线式解决方案的书籍和博客，以前可能是非常有用的，而在现在真实的商业社会里反而变得非常有害。他们的学说之所以是错误的，是因为他们以方法论和技术为中心，而不是以人为中心。

要解决这类问题，多问问"如果……会怎样？"会很有帮助，因为这种做法是关注人，而不是简单地应用一套预先设定的解决方案。对于你试图解决的每一个困难，你需要问更多的问题。苏格拉底问答法[①]在人文科学教育中长期以来就是一种通用的方法，因为它帮助人们发展了批判性思维，而这种思维对 21 世纪的商业社会——包括营销领域——而言是非常需要的。

[①] 苏格拉底问答法（Socratic method），一种双方就一个话题不间断问答的对话方式。这种对话是诱导式的，通过问题与对方分享共同的立场和逻辑，从而诱使对方认同己方的观点。——译者注

> **案例**
> **寻找答案**

如果现在要做一次面对广告公司的创意简报，想一想我在这个简报中可能问出的问题。为了更好地讨论，我现在是客户，向你提出一系列问题，而你代表广告公司将帮助我找到方案。

让我们交代一下背景。你为印度一家中等规模的跨国企业工作，在他们位于孟买的市场部任职。你的公司打算向市场投放一款新产品。你会从什么地方着手开始你的营销计划？换句话说，是否有一种正确的、严谨编制的方法来制定和执行你的营销战略？你会不会在开始时先列出一个方法论清单？你是否会遵循一个线性的、步骤严密的流程模式？还是你会看到一些别人看不到的事情？（我指的不是你能看到死人，尽管 M. 奈特·沙马兰①曾从尼克公司的节目中获得类似灵感，并用于他的代表作《第六感》中。）比如说，你是否能看到你工作以外的其他行业的情况？你是否会受它们影响，找到新的方法来解决市场问题？

你是不是会告诉我说，你要找几个营销人或者销售员坐下来，用幻灯片模板做一个计划，这个计划会包含你的价值定位以及满足消费者需求的方法？或者，你更像一个随心所欲的营销人？你在 word 文档里写下时间表和一些想法；你脑子里会形成思路，包括如何发布你所创造和延展的诉求，你会对哪些人施加影响。你会不会自己为这个产品写新闻稿？这样你可以判断别人会如何理解它，有什么漏洞，你可以如何改进这篇新闻稿，进而调整你的诉求。

---

① M. 奈特·沙马兰（M. Night Shyamalan），印度裔美国著名导演、编剧、演员。曾经拍过《第六感》(*The Sixth Sense*)、《精灵鼠小弟》(*Stuart Little*)、《天兆》(*Signs*) 等票房和口碑都不错的影片。《第六感》曾获奥斯卡奖和美国金球奖提名。——译者注

根据《快公司》杂志报道，每当亚马逊准备推出一个新的产品概念的时候，杰夫·贝索斯（Jeff Bezos）就会要求他的团队采取类似的做法。或者，你在实际工作中还没有准备行动计划和战略，就撸起袖子使用类似Slack①这样的移动沟通工具开始反复沟通看法？如果我问你什么是更为重要的——你的产品，你的策略，还是你的营销计划的执行，你会如实回答吗？要不就是你的回答只是针对你的某个特定目标群体的，而不是基于实际数据上的结论。

如果我告诉你：无论你如何回答我的问题，你都是错的，那会怎样？不存在一个单一的、界定明确的正确答案。对于我之前所有的问题来说，不存在通用的解决方案。如果我告诉你：我有意漏掉了一些答案，就想看看你是不是能跳出框框找出答案来，那会怎样？如果我告诉你：之所以我在一开始就问这个问题，就是想看看，你是要像面对商学院的研究项目那样找出一个清晰、准确的答案，还是像创业公司的数据分析师那样拿出多种高水平的解决方案，那会怎样？如果我告诉你：即便你有一个清晰准确的答案，在纸上你的推演是"正确"的，但对于这个测试的目的来说一定是错的，那会怎样？如果我告诉你：任何清晰准确的答案都是错误的答案，因为它反映了传统思维的特点，那会怎样？

回忆一下你以前在学校时经历过的数学考试中的单项选择题。你必须选择一个答案，你会因为选择了正确答案而得到奖励，通过考试，升入下一年级。你一路上完了中学和大学。你还记得你选了一门课，你的任课老师向你提出了一个问题，然后让你在一个蓝本子里写下你的答案。那个答案有点复杂，对吗？解决方案未必总是能被精确制定的，会有各种错综复杂的事情发生，也会有各种机会存在，这取决于实际场景。

---

① Slack，一种整合了聊天群组、大规模工具集成、文件整合、统一搜索的企业级沟通工具。——译者注

杰弗里·科隆
@ djgeoffe

如果我们像对待计算机编程一样处理营销的事情，那会怎样？
#disruptivefm

2016 年 2 月 21 日 18:23

程序员并不都是网虫、单身汉、讨厌女人的"程序哥"[①]；我还知道他们每天都和一些特别聪明、富有创意的女性一起工作；还有，营销人并不都一样；这是一个多元化的领域，很多人是创业者、预见者、冒险者、探索者和艺术家——如果我告诉你这些，你会有什么感觉？

编程：并不专属于网虫

我们当中很多人有一种偏见，计算机程序员是一群躲在小黑屋里的怪物，他们画地为牢，沉浸在特定的语言和模式里。但是，假如计算机程序员都生活在与世隔绝的环境里，我们会拥有这么多独特的创新型应用吗？这些应用帮我们实现了更有效率的生活。

回到 2011 年，我作为数字战略副总裁刚刚加入奥美。我稍微学了一点编程。我以前的广告代理公司的同事多米尼克·巴苏尔托[②]当时说："任何一个人，不管

[①] "程序哥"（Brogrammer）是互联网产生的一个新词，是"bro"（英文"兄弟"一词）与"programmer"（英文"程序"一词）的组合，指善于交际、愿意玩乐的新一族程序员。——译者注
[②] 多米尼克·巴苏尔托（Dominic Basulto），目前担任多家媒体的撰稿人，《华盛顿邮报》的著名博主。他与本书作者是在邦德策略与影响力机构（BOND Strategy and Influence，一家位于纽约的市场营销机构）工作时的同事。——译者注

是在技术领域还是在教育领域，不管是在军队还是在一个非营利机构工作，都需要学学编程。"

他说，编程是未来的语言，让我们可以"创造事物"。我听从了他的建议，在我大女儿大约 2 岁的时候，我开始在学习编程的网站 codeacademy.com 学习 Ruby on Rails① 课程。我希望不仅仅做一个思想者，还要成为一个制造者。在学习编程的过程中我认识到，在 21 世纪，计算机程序与市场营销都是既需要创意，又需要机械性重复练习的实践，它们之间有很多相似性，远比我们所知道的多得多。

不了解编程的人认为，你只是遵循一个简单的规则，然后"砰"的一下，你就形成了一个解决方案或者一个 App，而这个 App 可以奇迹般地应用在你的苹果手机、Surface 平板电脑、Chromebook② 等终端设备上。关于营销，也可以采取类似的说法。我是怎么形容程序员的？让我再重述一遍：创业者、预见者、冒险者、探索者和艺术家。这种描述不仅仅可以应用于普通的计算机程序员，也可以用来描述营销人圈子里某一部分的人——那些营销异类，或者说跨界人：数据朋克、设计师、混合式创意人。

这种人很难按照他们在营销圈的角色来定义，因为他们可以在所有岗位上工作：编程、写故事、制作视频内容并使用付费搜索和社交媒体来传播。有些人叫他们增长黑客（Growth Hacking）。我称他们为"颠覆性营销人"。

适应或者消亡

在 21 世纪，要对商业做出最佳解释，可能需要用到生物学的概念：生物学是对生命和活体组织的研究，包括研究它们的发展与进化等。想象一下，商业是一个有生命的、能够呼吸的生物。它能否成功适应环境，这是决定它生存的重要

---

① Ruby on Rails 是目前最热门的 web 开发应用语言之一，具有开发数据库驱动的网络应用程序的完整框架。——译者注
② Chromebook 是基于谷歌 Chrome OS 系统开发的网络笔记本电脑，可提供完善的网络应用。——译者注

因素。

记住这一点,让我们再回到我最初的问题。我们公司想推出一款新产品,我们有一些关于它的数据,而我说:"先不要告诉我这个产品的目标受众是谁。先看看这些数据,其中有一些是不是和你以前所了解的世界有产生冲突的地方?然后你告诉我,基于这些独特的数据,这款产品怎样才能做出另外一种不同的营销。"

再快速反思一下我前面提出的那些问题。这不是一个单项选择的测试题,对吧?这是一场开放答案的"蓝皮书考试"。

杰弗里·科隆
@ djgeoffe

颠覆性营销更像是一种蓝皮书考试,而不是单项选择题考试。
#disruptivefm

2016 年 2 月 21 日 18:24

颠覆性营销

- 颠覆性营销让你看到别人无法看到的事情,那是因为别人无法放弃固有的偏见——这种偏见也就是他们自己所说的"正确的营销"以及由数据定义的未知空白领域。

- 颠覆性营销让你自己接受这样一些状态:好奇、做白日梦、追求低效率。它让你可以自由思考那些平时不愿面对的事实,任意摆弄它们。

- 颠覆性营销与其说是要放弃对传统营销规则的遵守,不如说是创新经济的新世界要求你创建你自己的规则。

- 颠覆性营销对你从小学到商学院学到的所有东西都进行质疑，因为线性模式已经无法处理我们现在的真实世界，也无法创造一个新的世界，而这种创造是技术激发的行为所导致的必然结果。

- 颠覆性营销不会在考察数据特性时使用各种借口，比如"这批数据有问题""样本量太小""数据量不够"，或者"这不是我们的目标受众，因为我的直觉认为不应该是他们"。

- 颠覆性营销理解传统营销的诱人之处，也了解扬弃旧模式的挑战，并使用颠覆性的思维和行动来开辟一条新的道路。颠覆性营销可以很快地找到一些新的机会，而传统营销常常不愿意去识别发现这种机会。

- 颠覆性营销是由这样一些人发现并使用的：数据朋克、设计师、混合式创意人、增长黑客、越域者、革新者，以及商业规则的破坏者；他们以各种形态和各种规模存在，他们将重塑你的认知，并帮助你把重塑后的认知带给企业里的其他人，不管这个企业的目标（科技产品、消费者产品套装、工业设计产品、创新点子、政策、新的思维方式、哲学等）是什么，也不管你想如何应用这些知识。

- 颠覆性营销帮助所有人去面对快速而剧烈的商业变革大潮。当这种巨变发生时，如果你不去领导变革，其他人——可能是你的顾客——将站出来代替你去领导。

- 颠覆性营销向那些通过创意方式找到新机会的人提供奖励，因为他们既聪明又勤奋。

- 颠覆性营销在研究到底是什么让营销发生作用时，帮助你排除先入为主的想法，使用规模更小、更为精细、更有代入感却更为高效的方式来进行检验和尝试，而效果比耐克或可口可乐那样的大型企业动辄几百万美元的推广效果还好。

- 颠覆性营销是为思想者、行动者、质疑者和具有破坏性的否定者准备的。他们认为有些人挂在嘴边的这句话——"但是我们一直是这么做的"——基本上就是给自己的生意判了死刑。

- 颠覆性营销不一定就是和收入挂钩的。实际上，在本书后面的章节里你会明白，为什么说收入对于生存而言并不是一个好的指标。

走出唐·德雷柏模式的营销

这个新的世界到底是什么样的？嗯，它是由大大小小无数的触摸屏汇集到一起的世界；数据即是消费者洞察；人们高声表达他们的体验和领会到的意义，而不仅是消费商品；"你自己做"（Do It Yourself）的协作模式和混合经济模式逐渐流行，用户原创的内容、产品、设计和感受强化了这种经济模式；企业的声誉和文化得到更多关注，而不是可变现的资产。换句话说，你以前学习的所有有效的、成功的市场营销，现在实际上都变成无效的、错误的。

杰弗里·科隆
@djgeoffe

一个人所拥有的营销体验的数量，对于现在这个因设计而不断变化的世界来说，实在是无足轻重的。
#disruptivefm

2016年2月21日 18:24

今天我们看到的市场营销，与过去半个世纪相比，看上去没有太多变化。由于营销人和广告公司的态度问题，营销本身也并没有真正从内到外地被颠覆。没有一个行业会进行自我颠覆。因此，我们应该多看看那些自称营销人之外的其他人的行动。为了写作本书，我很高兴能采访到几位这样的人。他们所说的应该会帮助你为适应新世界做好准备。

广告公司也确实很难接受创新性的答案或者解决方案，因为它们一直希望停留在过去能帮它们赚钱的那种过程中，而不是开辟一个新的未来，它们因此在现代商业社会中犯下了一个最大的错误：它们会为自己辩护，而不是去开拓前进、去征服。从结果上看，广告公司忽视了4次站对立场的机会：

1. 它们错过了数字化列车。它们忽视了互联网行业，觉得它一定会失败。

2. 它们忽视了搜索引擎，在有了智能手机和定位技术的时候，它们没有通过自问"如果……会怎样？"这一问题，找到世界将会前进的方向。

3. 它们忽视了社交媒体营销，因为它们觉得人们也就是会用一用搜索引擎，而类似脸书（Facebook）、推特（Twitter）、领英这样的社交平台不会成长为像有线电视和网络电视那样的"大型媒体"。

4. 它们在内容营销的竞争中落后，因为它们从一开始就不明白为什么人们会使用社交网络和互联网。在互联网中让人们和品牌交朋友是一件很困难的事情，互联网实际上是一个连接和学习的地方。

广告公司错过了这四次趋势，也会继续错失更多。因为群体思维和惯性思维已经深深植入它们的DNA了。

广告公司一直没有正确认识到，营销不止于信息传递，不止于广告，也不止于广播，它不只是简单的投资回报率。广告公司也没有正确认识到，营销再也离不开数学了。同样，数学也不可能把创意削减到简单的几条，就像我们在一些社交平台上看到的提示访客的标题——"多阅读""多学习""多下载"或者"多收看"。对于类似军队首领的发号施令，人们是不会去响应的。

值得一提的是，数学可以让营销具有更多的创意性，而不是削减创意性。从颠覆性的层面上说，营销是这样一种工作：我们能够，也应该使用数据，开发更多有意义的产品，建立同盟力量来一起解决世界上最让人头疼的问题，帮助人们适应新的思考方式，解决消费者问题，以及反思如何让商业乃至整个经济，在下一个十年的运行变得不一样。

即使是大卫·奥格威都同意，相比单纯的创意策划而言，数据本身具有更大的实际意义。大卫·奥格威被称为"广告教父",他也是电视剧《广告狂人》的男主角唐·德雷柏的人物原型。奥格威在广告领域里是一个不输给任何人的未来学家。对我来说,他是最早的颠覆性营销人之一。非常遗憾的是,他的理念在我们的世界里并没有得到应有的响应。我们读一下以下段落,把奥格威的用词"直效广告"①替换成"颠覆性营销":

> 在今天的广告圈里有两个世界。你的直效广告的世界,和另一种普通广告②的世界。这两个世界不断地发生碰撞冲突。你的直效人群知道什么样的广告有效,什么无效。你知道花费每一元钱的效果。制作普通广告的人不知道这一点。你知道2分钟电视广告会更有效,比10秒广告片或者30秒广告片性价比更高。你知道电视的非黄金时段卖得比黄金时段好。在平面广告中,你知道长文案广告比短文案卖得好。直接讨论产品及其卖点的标题和文案比有趣的标题和诗意的文案卖得更好。你知道花的每一元钱的效果。而普通广告的广告主和他们的代理公司几乎都不会确切地知道这些,因为他们无法度量他们广告的结果。他们对创意性顶礼膜拜。这种创意确实是充满了匠心。但匠心是广告字典中最为危险的词汇。他们以为30秒电视广告比2分钟广告性价比更高,你知道他们是错的。在平面广告中,他们以为短的广告比长文案广告销售更好,你知道他们是错的。他们陷入自娱自乐当中,你知道他们是错的。你知道每一元钱的效果,而他们不知道。你为什么不告诉他们?为什么你不帮他们摆脱愚见?有两个原因。第一,因为你非常清楚地知道一个事实,他们的企业如此之大,他们的收入如此之高,他们的传播如此之广。你甚至可能会被他们在创意上的声誉所压倒,不管这声誉到底意味着什么。其次,你从来没见过他们。你们身处在不同的世界里。直效广告与普通广告之间的鸿沟是如此宽广。在你所在的鸿沟

---

① 直效广告(direct response advertising),指需要从潜在客户那里得到简单回应的广告,包括邮件、传单、夹页等形式。直效广告引导客户购买,追求高转化率。——编者注
② 普通广告(general advertising),没有权威定义,大意是指追求高曝光率的广告,希望让更多人看到,形成品牌认知,并逐渐转变为客户。——译者注

的这一边，我看到了知识和现实。在鸿沟的另一边，我看到的是无知。你才是专业的。这不能再持续下去了。我在此预言，普通广告的从业者要从你的经验中学习，他们会选择你的思维方式。

杰弗里·科隆
@ djgeoffe

仅仅为了获得收入和利润而进行营销，这真是20世纪的想法了。
#disruptivefm

2016年2月21日 18:24

可悲而错误的是，很多企业把营销的职能拆分到独立的部门。

解决方案：不要把营销变成独立部门操作

直到现在，营销还是由企业下意识地把产品、服务、解决方案和信息导入到市场中的过程。过去，营销曾经被看作是这样：一群拥有华丽头衔的人，比如总经理、高级副总裁、副总裁、总监、经理或者协调员，他们的主要任务就是牵着马走到水边，希望马能喝水。

这当然是20世纪传统看待营销角色的方式。在软件和数据分析学的参与下，营销现在更像是一个基于客户体验而进行新产品开发的创意研讨会。软件正在颠覆营销发挥功能的方式，软件也在改变着企业开发产品的模式和导入市场的战略，甚至重新修改组织架构，使混合式创意人可以进行实时的、数据驱动的决策。

随着全球经济的发展，营销界掀起了对包括营销角色在内的职业岗位的竞争。那些主动拓展和丰富职业技能组合的人，往往能在创意经济中得到最好的位置。当你合成你的知识和技能来面对一个新的工作机会，你就从一个知识经济的从业者进化到创意经济的企业家。托马斯·弗里德曼（Thomas Friedman）在他的《世界是平的》一书中精确地描述了这一场景："每个人都在寻找可以进行批判性思考、可以解决问题的员工……他们真正寻找的是在工作的同时，还能创造、再次创造并重新设计工作的那种人。"

传统的营销人和广告人在当下还能获得收入，他们可能会因此感到满足。而真正的问题不是说这种情况会不会有结束的一天，而是在什么时候他们会一败涂地。针对此事，斯坦福大学洛克公司治理中心（Rock Center for Corporate Governance）的研究员、杜克大学商业化和创业研究中心（Center for Entrepreneurship and Research Commercialization）的研究总监、加州奇点大学（Singularity University，简称SU）智库研究员维韦克·瓦德华（Vivek Wadwha），在2014年12月的《华盛顿邮报》上发表文章。传统营销人每日忙于用大量时间发送电子邮件，现在应该抬眼看看瓦德华的观点，并由此注意到，不仅营销行业将被颠覆，而且所有涉及营销的行业——从制造业到供应链管理，从金融业到能源业，从健康医疗到教育再到传播——都将被颠覆。

按照瓦德华的观点，没有一个行业可以从剧烈的变化中逃脱，这些变化将要消灭我们已经感到习惯的所有东西。瓦德华写道：

> 我在实践中看到的所有行业，都在发生着重大的颠覆。我知道从现在起的15～20年时间里，世界将变得非常不同。现在在行业里领先的那些企业，其中大多数可能都无法存续下去。这是因为企业的经理人要么没有意识到变化正在来临，不愿意投入足够的资源去打造新的自己，要么无法保护传统的业务。大多数人还是聚焦在短期业绩上。新的万亿级规模的企业会突然从某个地方冒出来，横扫现存的万亿级企业。不管是从好的角度说还是从坏的角度说，这就是我们正在去往的未来。

瓦德华所说的颠覆类型并不是全新的。我们从农业时代发展到工业时代，然后进入知识经济时代，现在走向新的创意时代。只有那些积极主动寻找机会的人,才会在一个变革环境中找到机会。营销人也是这样。

在营销领域,以新的方式来实施小批量的创意执行已经成为可能。今天,你可以分析人们如何与信息和体验进行互动的数据,观察他们如何评论你的公司,测试对新的产品特性的反应,在关键节点上与你的客户进行对接,由此打造一个更好的产品或更好的世界。

营销也并不仅仅是为了商业。同样,营销也不仅仅是由市场营销部门,或者具有市场头衔的人们完成的。营销可以做到并且也应该被非营利组织、政府部门、政客、科学家以及任何需要传播和采纳新的创意想法的个人或组织采用。

营销与新世界

创意想象是非常重要的,因为就在我们眼前,我们正在向彼得·德鲁克(Peter Drucker)所说的"后资本主义经济"(post-capitalist economy)转变。这种转变让很多人感到恐惧,因为他们很难看到超越当前生活常态的东西,而人们对这种生活常态已经习惯了。

"认知资本主义"[①]正在迅速侵蚀工业经济的领地。仍然植根于工业经济的营销只能走入歧途,别无其他选择。因此,如果仅仅讨论营销创意或产品,而不是讨论经济的整体变化,这会让本书变得毫无价值。工具和技术并不是孤立的、隔绝的,它们是我们周边世界的一个构成部分。

读者朋友们,如果你的双脚依然坚定地停留在20世纪,你会很难理解那些形成跨越发展所必需的工具和特点。即使你在一个工业企业工作,制造、生产有形产品,你也会发现在未来五年的时间里,所有的企业都会通过设计实现社会化。

[①] 认知资本主义(cognitive capitalism)的概念与"后福特主义"(post-fordism)、"知识经济"(knowledge economy)、"新经济"(new economy)和高度弹性的人力资源市场密切相关,指数字技术与具有高度知识和文化水平的劳动力结合,经济上逐渐形成水平化组织、大规模定制、弹性化生产、消费者主权和竞合性市场等特点。代表性的行业包括高新技术、商业和金融服务、个人服务、媒介、文化产业等。——译者注

最好的企业和组织会像源代码公开软件①那样行动和思考，对新设计进行持续的测试和实验，以此来锁定成功。设计居于所有人类体验的中心。

史蒂夫·乔布斯创立了苹果公司——在本书撰写期间，苹果公司是世界上最有价值的企业——他关注的不是技术和市场营销，而是设计。虽然我非常崇拜工科学位和工程师（我曾经上过利哈伊大学，这是一家工科专业非常有名的学校），但我相信共鸣、设计和情商——颠覆性营销和设计的三个关键技能——最好是从艺术、人类学、心理学中学习，而不是从单纯的商业、工程学和管理学条例中学习。一个艺术史专业的学生学习过印象派的或者非主流派的绘画，他也许能洞察到技术中的人性因素，以及这种因素如何适用于产品的重要性。心理学家和社会学家比单纯的营销人更知道如何激发人群，理解用户需要什么。创新驱动型的音乐家、厨师和艺术家，他们是领导者和创新者；而在今天的世界里，几乎任何想像得到的事情，都可以被创造出来。

最有颠覆力的营销人相信，这是一个产品极为丰富的世界，也是一个有无限通道可以获取信息的世界，他们可以用得上所有提供给他们的机会，包括非数字化的工具。这有时会与植根于等级制度、垄断和稀缺的旧系统产生冲突。但是，那些在寻找网络、平台和蜂群思维②并把它们当做是实现反馈式对接和增长的新路的人，终将获得成功。

在一个崇尚真实性和透明度的世界里，源自稀缺性的营销只有一个很短的生命周期。商学院的教育让很多人相信，4P 理论③是成功的保证。在 2012 年，4P 理论被新 4P 所替代，转变为人员（People）、流程（Process）、项目（Program）、绩

---

① 源代码公开软件（open-source software），软件公开源代码后，用户可以自由地使用、复制、散发以及修改源代码，这会进一步促进用户的使用和分享。——译者注
② 蜂群思维（hive mind）是凯文·凯利在《失控：机器、社会与经济的新生物学》（*Out of Control: The New Biology of Machines, Social Systems, and the Economic World*）一书中提出的互联网理论：随着个体成员数量的增加，量变产生质变，爆炸性增长最终导致新模式的诞生。凯文·凯利是《连线》（*Wired*）杂志创始主编。他被很多业内人士称为"硅谷教父"。——译者注
③ 4P 理论，是 20 世纪 60 年代开始的一种经典的营销理论，由杰瑞·麦卡锡（Jerry McCarthy）在《营销学》（*Marketing*）一书中最早提出。通过产品（Product）、价格（Price）、促销（Promotion）、渠道（Place），企业营销建立了一个实用的框架。但因为过于站在企业立场，而不是客户立场，受到不少批评。——译者注

效（Performance）[①]。但即便如此，在这个世界里，随着客户行为的变化，流程在以小时为周期发生着变化，因此这套理论也会变成过时的思维。很多人觉得营销人应该具备一定的技能，但这些技能基本上几个月（而不是几年）就变得不靠谱了。这是因为技术发展和客户行为对于世界变化的适应远远快于商业本身。

大卫·茨威格[②]，《隐形超人：点赞办公室里的无名英雄》一书的作者，指出过去营销人所信奉的那些框架、身份认知以及促销等术语，到现在差不多都是错误的：

> 所以，不管你在线推广自己的时候是投入了时间还是浪费了时间，也不管你认为应该如何推广你自己，你实际上最好还是花时间去做你所要做的事情，创造东西，而不是去推广说你是一个进行了创造的人。现在有一种风险就是，你会疏远那些你希望去影响的人……
>
> 这种风险现在变得如此普遍，以至于越来越多的人认为，当有人要推广他们自己的时候，他们做得太多，或者方式太露骨，显得非常不诚实。因为不管怎么说，推广这件事要么是骨子里就不诚实，要么就只拣好的方面说……即使你打造的品牌是恰如其分的，没有为了推广蓄意编造的谎言，问题仍然存在，因为你花费了太多的时间去考虑你应该如何在他人面前表现自己。

如果你有这种推广的想法，你则需要在茨威格观点的基础上，反思你以前学过的东西。掌握营销技巧，有一个 MBA 学历，这些再也不是成功的必要条件。热心于营销会让你显得不诚实，即使你所说的都是事实。在这个充满了丰富的创意、解决方案、产品、数据和服务的世界里，你以前学到的关于营销的任何东西都不足以给你提供足够多的支持。

颠覆性营销人明白，技术支配了人类行为改变的步伐，而技术的进步正在以

---

① 参考菲利普·科特勒（Philip Kotler）与凯文·莱恩·凯勒（Kevin Lane Keller）合著的《营销管理》（Marketing Management）第 14 版第一章中对 4P 理论的更新。——译者注

② 大卫·茨威格（David Zweig），作家、讲师和音乐家，驻纽约。他的《隐形超人》（Invisibles: Celebrating the Unsung Heroes of the Workplace）系列著作讲述了职场文化中无名氏一族对于享受赞誉和敬业奉献的不同心态，引起全世界的广泛关注。——译者注

一种指数级提高的速度演进。这被称为摩尔定律①，这个定律说，在计算机硬件的发展历程里，在一块密集的集成电路板上的晶体管数量大约每两年翻一番。1965年，戈登·摩尔②作为英特尔公司的联合创始人、仙童半导体公司的创始人之一，在一篇文章中描绘了电路板上晶体管数量每年翻番的现象。在1975年，他修改了这个预测，把时间周期改为两年。摩尔定律在半导体产业中被用来指导长期发展计划，并为研究和发展设定了目标。很多电子设备的性能与摩尔定律有着非常强的相关性：性能提升后的微处理器的价格、存储容量、传感器，甚至是数码相机的像素数量和大小。所有这些也都基本是按照指数增长的速率发展的。

设计颠覆

颠覆性营销的概念是从哪里来的？为什么我会使用这个概念？它来自于"创意颠覆"（creative disruption）和"颠覆性创新"（disruptive innovation）。"创意颠覆"是指在创意过程中采用与以往不同的方式。"颠覆性创新"是一种帮助创造新的市场的进步，这个新市场最终（在几年或者几十年时间里）推翻现有市场，或让现有市场走上拐点，使旧的技术被替换。

在科技的发展史上，有很多颠覆性创新的例子：晶体管收音机（取代了高保真播放器）、小型钢厂（取代了垂直管理的集成化钢铁企业）、超声波（取代了X射线照相术）、可下载的数字媒体（取代了物理介质的载体，例如CD和DVD）、维基百科（取代了纸质印刷的大百科全书）。当我们讨论颠覆性营销时，我们指的是：用一种不同以往的建立品牌的方式，设计新的品牌战略的行为。

---

① 摩尔定律（Moore's law）内容为：当价格不变时，隔18个月，集成电路上可容纳的晶体管数量会增加一倍，性能提升一倍。这一定律反映了信息技术进步的速度，对后世产生了巨大影响，被称为电子电脑产业的"第一定律"。戈登·摩尔在参与创办仙童公司期间以短短的三页纸说明了这个定律。——译者注
② 戈登·摩尔（Gordon E. Moore）在1957年与另外7位年轻人合伙创立了仙童半导体公司（Fairchaild Semiconductor），一度成为全球最大的半导体公司，电子与电脑界的西点军校。后来8人各自创业，戈登·摩尔与人合伙在1968年创立了英特尔公司，成为目前全球微处理器行业的霸主。——译者注

DISRUPTIVE MARKETING

第一部分
没有规则的世界

第1章
颠覆性思维：创造，对接，适应

> 真正越来越稀缺的商品是人们的注意力。
> ——萨提亚·纳德拉（Satya Nadella），微软CEO

1922年8月末的一个闷热潮湿的晚上，一道声波划过纽约城的夜空。只有那些把收音机调试到AM660的人们才能听到由广播中传来的这个声音——一个男人正在用一种"你最好给我好好听着"的语气说话。

这个广播电台并非是现在的WFAN体育电台（WFAN Sports Radio，又名FAN）。WFAN最近承接了这个调频频率，在线的播音员一天到晚谈论纽约喷气机队和纽约尼克斯队的比赛失误。当时的这个广播电台的呼号是WEAF，节目内容是稳定、持续的对话和新闻，有时也点缀式地播放一些文化类的小节目，比如爵士乐和20世纪20年代初非常流行的摇摆乐。有谁能想到呢，在这个8月晚上5点的广播中连续说话60秒没有停顿的男声，在后面的80多年里改变了电子通信的运营方式。

朋友们，你和你的家人真应该离开这个拥挤的城市，去享受大自然带给你们的乐趣。来参观我们位于杰克森高地①的公寓项目霍桑嘉园吧，你可以在一个怡人环境中享受友好的社区生活。

---

① 杰克森高地（Jackson Height），美国纽约皇后区的一个人气社区。生活便利，环境优美，出行方便，15分钟至曼哈顿时代广场。——译者注

现如今的杰克森高地是一个人口密集的地段，到处飘曳着来自哥伦比亚、厄瓜多尔和阿根廷美食的迷人香味，夹杂着街头巷尾对各种足球俱乐部的闲聊，比如卡利竞技队、埃梅莱克队、博卡青年队。但是在1922年，这片属于皇后区的地段仍然处在开发中，那条电台广告还在宣传着此地的优越之处。

在当今这个时代，世界上任何一个地方还在收听电台广播的人还能够听到这种常见的广播广告。但在1922年，这是全新的。为什么在播音中会突然出现关于霍桑嘉园的信息？这是晚间节目的一个组成部分吗？还是这背后另有些什么？

在那个时代的听众不知道，霍桑嘉园为此向WEAF电台支付了50美元，考虑通货膨胀因素，相当于今天的678.64美元。实际上，听众听到的是世界上第一条付费广播广告。

当然正如我们所知，这种广告或者类似内容并不会简单地随着广播的终止而结束。我每天开车从华盛顿州的贝尔维尤到柯克兰，穿过405号州际公路，FM97.3的KIRO电台的《罗恩和唐脱口秀》（*Ron and Ton Show*）里会突然冒出莫名其妙的声音：“嗨，你想吃点新鲜的午餐吗？赛百味，吃个新鲜。"在这之后，才会继续谈论今天的新闻。他们为推广赛百味做得如此随意，好像没有意识到自己打断了新闻的流畅感。但是我们都知道，这些播音员才不会随便就决定聊一聊赛百味或者其他什么他们喜欢的食物，除非电台得到了某种补偿。

第三方希望通过媒体去触达受众，他们认为这些受众可能会使用他们的服务或购买他们的产品，这是常识。在WEAF电台上做广告的霍桑嘉园希望能够吸引中产阶级、拥有收音机的听众。但WEAF是怎么知道要去做这件事的？为什么电台的管理层率先决定收下霍桑嘉园的这笔钱？

要回答这个问题，我们需要回顾一下那些把电台广播改造成广告渠道的历史，这段历史也最终影响了后来其他形式的媒体，比如电视和互联网。事情总是这样，要是当时的做法不一样，可能就不是电台的人产生出销售电台时间用来打广告的这种创意来。实际上，正如很多颠覆性场景一样，广播广告的创意产生于广播业务之外的某个来源。

颠覆性营销和广播广告的诞生

实际上，广播广告的想法产生于电话行业。更明确地说，是电话呼叫，而不是电话器材，滋生出广播广告的模式。1913 年，贝尔电话和它的母公司 AT&T，在尚无先觉意识的情况下加入了广播的竞争。它当时获得了一项真空电子管的技术专利，而这种技术在电台广播中扮演了一个核心角色。从结果上看，AT&T 成了这家电台的大股东。1922 年，属于 AT&T 旗下资产的 WEAF 电台发布了那条广告。但是，AT&T 是怎么形成向第三方出售广播时间的概念的呢？答案就藏在电话的用途和使用行为上。

在那个时代，还没有转盘电话机。你拿起话筒，电话线另一端会有一个接线员说："我是接线员，请问您要转接哪里？"然后你告诉接线员电话号码，她帮助你接通电话。这背后的电话技术——任何信息可以在任何时间接通到任何地方——就是线路连接。一旦通话方被接通，接线员就下线，而通话方将根据由此开始的通话时长进行付费。

在此中间就隐含着未来商业化广播行业的核心。假如你仍然使用座机打电话，而不是使用各种可替代的选择——比如电子邮件、短信、文字通信软件、社交网络、Slack、WhatsApp① 等，你只需要简单方便地拨出区号和电话号码，而你打电话背后的技术是被封装起来的。但是，移动电话的用户都知道，我们现在是精确地按分钟和秒计时，根据所采用的通信系统，向 AT&T、T-Mobiles② 或威瑞森电信（Verizon）进行付费。

凭空出现的解决方案

从本质上说，WEAF 是第一批颠覆性营销者中的一个。他们在司空见惯的盲

---

① WhatsApp 是一款目前可供 iPhone、Android 手机、Windows Phone、WhatsApp Messenger、Symbian 手机和 Blackberry 手机用户使用的、用于智能手机之间通信的应用程序。本应用程序借助推送通知服务，可以即刻接收亲友和同事发送的信息。——译者注
② T-Mobile 是一家跨国移动电话运营商。它是德国电信的子公司，属于 Freemove 联盟。T-Mobile 在西欧和美国运营 GSM 网络，并通过金融手段参与东欧和东南亚的网络运营。该公司拥有 1.09 亿用户，是世界上最大的移动电话公司之一。——译者注

点（plain blind sight）上为问题找到了答案。"司空见惯的盲点"，又被称为"非注意盲视"(inattentional blindness)。这个概念在克里斯托弗·查布利斯和丹尼尔·西蒙斯的专著《看不见的大猩猩》①中做过讨论。

WEAF在此问了一个广播行业需要回答的"如果……那会怎样？"的问题："制作和播出节目需要持续不断的财务支持，如果我们把播音时间出售给那些愿意付费的商业机构，那会怎样？"当然，对于媒体来说，这是一个永远在进行的话题，想想看你在智能手机上下载免费应用时的场景。在1922年，别人可能也看到了这个问题，但没有人去解决，而AT&T想出了一个解决问题的办法：把空间、时间、受众整合在一起形成一个新的收入模式。这种收入模式由此开始为营销界所采用，成为20世纪大多数媒体机构获得大量现金流的模式。

在20世纪20年代，收音机是一种消费品，一种放在精致木框中的陈设，操作非常简单，适合任何人使用。你可以把它和现在的智能手机做一个比较。但与智能手机需要办理数据或通话套餐不同，在1922年，收音机虽然有很多播出时间，但看上去无法销售任何东西来补贴广播运营成本和技术。

把时间变成收入，这个概念在经济领域一直适用。实际上，在1922年，AT&T已经开始准备使用这个模式，在电台销售一种"付费播出"服务。公司只是简单地提出按时间收费的模式，把一种技术（电话）转到另外一种技术（电台）上。这种模式奏效了。在很多行业里，时间是行业收费并获得收入的基本因素。

实际上，假如你是在上班时间阅读这本书，技术上讲你为了获得收入，得花费额外的工作时间进行弥补。就算你并不是按小时收费，时间也是你获得年薪的基础。而如果你是轮班工作，你实际上也会按小时收钱。每小时多少钱是由政府、雇主或者双方共同来设定的；如果你作为一个第三方服务商来提供服务，也

---

① 《看不见的大猩猩》（*Invisible Gorilla*）于2010年出版，作者克里斯托弗·查布利斯（Christopher Chabris）和丹尼尔·西蒙斯（Daniel Simons）在书中揭示了生活中常见的六大错觉：注意错觉、记忆错觉、自信错觉、知识错觉、因果错觉以及潜能错觉。——译者注

会由你来设定这个金额。

按时间付费是律师、咨询师、建筑从业人员、创意服务人员这类专业人士获得他们主要收入的方式。同理可知，时间是具有必要价值的，媒体可以把它销售给想触达听众的第三方组织。当这些第三方为他们想传达的信息购买媒体时，时间是广告主基本的支付依据。

但是，时间并不是这个模式中的唯一指标。

在 1922 年，WEAF 拥有一个巨大的听众群，因为它在大都市里覆盖了 100 平方英里①的区域，人数高达 560 万。因为 WEAF 拥有技术，又可以出售时段给那些想要触达他们听众的第三方，我们进入了一个"付费触达"的时代。这个时代后来被电视和互联网推到高峰，最新的案例是 Facebook 这样的社交平台。在 20 世纪的后面的时间里，当营销人员购买第三方平台上的媒体时，他们主要买两样东西：版面和时间。

杰弗里·科隆
@djgeoffe

在传统的媒体中，营销人员买的是版面和时间。在新兴媒体中，营销人员买的是受众和注意力。
#disruptivefm

2016 年 2 月 21 日 18:25

---

① 1 平方英里≈2.6 平方千米。——编者注

所有关于版面和时间的模式,不管是体现为户外广告牌、报纸杂志广告、电台和电视台插播广告、线上的横幅广告、Facebook 广告、推特的促销推送,还是视频前贴片广告(你在 YouTube 上看到的烦人的 30 秒视频,上面会有一个"跳过广告"的按钮,我知道你一定会立刻点击关闭),这些现在看起来都只是杂乱无章的干扰。

为什么广告不起作用了

我们现在越来越习惯关闭广告和营销信息,因为我们不希望日常生活中出现干扰信息。而且我们对广告传递给我们的信息也产生了怀疑。实际上,我们大多数人觉得广告就是干扰,不会给我们的生活带来多少价值。

还有一个原因会让我们关掉广告。弗兰克·罗斯(Frank Rose),《沉浸的艺术:数字一代如何重塑好莱坞、麦迪逊大道、我们讲故事的方式》(*The Art of Immersion: How the Digital Generation Is Remaking Hollywood, Madison Avenue, and the Way We Tell Stories*)一书的作者,在一次视频通话中为我做出了解释。弗兰克是美国《连线》杂志的常年撰稿人。他的很多文章是关于媒体、技术及用户行为之间的互动关系的,他是谈论这个话题的最佳人选。

关于为什么广告不起作用了,弗兰克说:"主要原因是人们对于媒体的了解大大超过从前,他们很容易就能看出,广告主就是单纯地想做广告。"弗兰克·罗斯指出了技术赋予用户的力量如何改变了他们的行为。我们可以从日常生活里看到这一点。读者朋友们,你们还有多少人会看电视?你有没有一个 DVR(硬盘录像机),用它你就可以在出现广告的时候快进?你是不是还用有线电视机顶盒看节目,或者改从互联网上收看节目?你们中有多少人会去点击横幅广告、搜索引擎广告、Facebook 广告、手机上的其他任何广告?

罗斯是正确的:我们居住的世界关注的是如何让我们的体验更加个性化,这就不可避免地促使我们从干扰性的广告模式中迅速地离开。正如他所说:

> 如果你回顾营销的历史,在 20 世纪 50 年代,大众媒体崛起,那时的

人们对营销的理解还比较初级。而20世纪60年代，这个营销体系就已经过时了……主要是因为互联网，人们面对广告开始变得成熟理性。互联网让完整收看30秒广告的这种做法受到质疑。在过去，人们不得不看，因为他们别无选择。只有三个频道，选择是有限的。人们并不奢求琳琅满目。现在营销的关键正在变为创意，创造出一种让人们愿意去和别人分享的诉求。

杰弗里·科隆
@djgeoffe

一个住在城里的人，平均每天接触到的广告信息有多少条？ 4000 条！
#disruptivefm

2016 年 2 月 21 日 18:26

尽管如此，罗斯说，很多企业并没有准备好全面接受颠覆性营销。不管你在《广告时代》、《广告周刊》、Digiday①或者某些营销博客里读到多少关于数字化、社交或者移动营销的文章，传统的营销模式仍然是随处可见的。而数据也证明了这一点。

市场调研机构 eMarketer 的一份研究报告表明，尽管还有很多可以获取更多关注的其他选择，大多数大品牌仍然倚重于30秒和60秒的电视广告。同样根据这份研究，2017 年电视广告的投放预算会达到 750 亿美元左右。按照罗斯的说法：

---
① Digiday，www.digiday.com，一个关于品牌营销和数字生活的专业网站。——译者注

拦截式广告是人们会想尽办法来避免的，对于广告主来说没有什么效果。这是完全不同的场景，但因为某种原因，这个领域的很多人还不明白这个道理。这些人和那些在21世纪最初的几年里说互联网只是昙花一现的人是一样的，他们仍然在商业上具有影响力。在营销界的遗老遗少中，这种思维相当普遍。在我看来，他们是要为失败买单的。但你能为此做什么改变吗？

你能为此做什么改变吗？罗斯正在哥伦比亚大学艺术学院数字故事实验室里运营一个项目，他试图通过这个项目给予回答。罗斯很快指明了一个他在多年前论证过的趋势：

对我来说有意思的是，当我写那本书（指《沉浸的艺术》）时，很多人甚至都没想过"如何讲故事"这回事。如果你好好想一想，记者就是一个故事的讲述者……当我为《连线》杂志工作的时候，我撰写了关于媒体和技术交叉领域的一切。我写过一些报道，由此接触到各种在电视台和电子游戏公司工作过、后来去了视频网站的人。这种三个行业之间的人才交流……通过各种故事，为我们创造了与他人互动的新方式。

罗斯的项目处在行业新标准的最前沿，这个新标准并非是关于讲故事的，而是关于罗斯所说的"迷醉状态"。

新标准：迷醉状态

弗兰克·罗斯说的是布赖恩·博伊德（Brian Boyd），《故事的起源：进化、认知和虚构》(*On the Origin of Stories: Evolution, Cognition, and Fiction*) 一书的作者。博伊德提出了一些在物理世界中会得到推崇的观点。当世界充满了噪声的时候，消灭噪声的方法实际上应该是通过制造更多的噪声来实现。并不是说新噪声要达到更高的分贝数，而是和旧噪声在同等的分贝水平上，但要采用不同的波长。博伊德把这种技术命名为"同谋的私语"（conspiratorial whisper），并且说明："当所有人都在喊叫的时候，吸引人们注意力的方法是低声私语。"

杰弗里·科隆
@djgeoffe

"当所有人都在喊叫的时候，吸引人们注意力的方式是低声私语。"

——布赖恩·博伊德

#disruptivefm

2016年3月3日 23:40

弗兰克·罗斯补充说：

现在对于沉浸的尝试还仅仅是数字时代的副产品。电子游戏和互联网已经把人们变成主动的参与者，而不是被动的旁观者。只在一旁看看已经远远不够。人们希望潜心进入，而类似迪士尼、Facebook、博柏利①这样的公司也争抢着要抓住他们。尽管数字技术已经在支持沉浸式体验，绝大多数其他形式的媒体，比如图书和剧场，也可以制造沉浸的效果。人们把自己浸入到故事里，这种体验已经有好几百年了。

新世界对于传统营销人来说来者不善。很多营销人还是把客户体验历程、理性决策的购买模型、入式营销②（电子邮件、搜索、社交网络），以及各种聒噪的广

---

① 博柏利（Burberry），也有译为巴宝莉，成立于1856年的英国奢侈品品牌。——译者注
② 入式营销（Inbound Marketing），也称为集客营销，侧重于建立强大的内容，吸引潜在的客户对于品牌、产品、服务的关注。入式营销已经被广泛接受，因为它辅助消费者做购买决定，人们利用网络学习更多关于产品和服务的信息来满足他们的需求。——译者注

告作为他们推广活动的最大驱动。大卫·茨威格在他的著作《隐形超人》中指出，"噪声世界"可能来自于职业习惯，我们总是用粗暴直接的方式获取注意。"总是有人告诉我们说：会哭的孩子有奶吃。我们必须让自己被人看到、被人听到，这样不仅能让我们领先，而且能让我们显得更重要，甚至能影响到我们的存在。"

罗斯同样认为这是一个错误的营销方式。他提到有些公司并没有采用有效获得注意力的技术手段，业绩因此发生剧烈波动。目前营销圈里有一个正在兴起的趋势。"一些公司让他们的顾客一起参与创作编写自己的故事，"罗斯说，"这让顾客产生了主人翁意识。"

颠覆性营销人更进一步。一些更为激进的公司超越了他们自有的创意资产和知识产权，允许顾客一起拼接故事文案。在这种"迷醉状态"里，品牌故事甚至开始包含了竞争对手的品牌资产，这样客户可以用混搭或者模仿秀的方式创作文案。

这种新的范式看起来已经不局限于营销部门写软文讲故事的范畴，而是对营销部门职能进行重新界定，推动并彰显品牌叙事和价值主张。新的讲故事的方法是有道理的。这是一种典型的颠覆，因为它从技术世界的发展中得到的收获超过了从广告世界本身得到的收获。

是什么让营销人无法更进一步

如果我现在要求你立刻拿出智能手机（或者你现在是用平板电脑、笔记本电脑或其他终端设备阅读本书），快速看一下你现在正在使用的各种App，不管是用于工作、生活，还是用于通信，这些App都是由同一家公司开发出来的吗？

当然不是。首先，你的操作系统预装了一些特定的应用，不管你是使用iOS、OSX、Windows 10还是安卓系统。其次，你可能使用了类似OneDrive[①]这样的软件为你的照片做备份，而Dropbox[②]可以把这些照片打包并发送给另外一个人。正

[①] OneDrive，微软旗下的一款云存储软件。——译者注
[②] Dropbox，美国一个提供云端服务的应用软件，用户可以存储并共享文件夹。——译者注

如我们所处的世界充满了信息技术专家一样，我们每个人都是自家的CTO（首席信息官），一旦我们拥有了自己的终端设备，我们会决定怎样使用它们来体验世界。既然事实如此，为什么品牌不能做同样的事情，为什么品牌不能让受众通过颠覆性的方式完成沉浸式体验，即使这种体验可能会包含有竞争对手的内容？

就这个观点，我同意"数字营销模范组合"丽贝卡·卡尔森（Rebecca Carlson）和埃里克·德拉姆（Eric Drumm）的看法。我认识他们已经超过10年了，他们作为颠覆性营销人，长期在各种知名广告代理公司和科技创业公司里勤奋工作，包括360i、奥美、Sprinklr和FindSpark。现在两人都在品牌领域和广告公司中发挥重要作用。卡尔森，或者按她喜欢的方式叫她"丽布"，是Master & Dynamic公司社交媒体部门的负责人。Master & Dynamic是一家新时代的音响企业。德拉姆，或者像别人一样叫他"鼓手"（Drummer，与鼓手一词谐音），是GLOW数字营销代理机构的战略策划人。

德拉姆认为品牌不会因为竞争性的内容而有所发展，因为这种营销方式是"操纵式"的。有太多利益相关方，因此很难实现创新。市场推广活动有太多的步骤要走，这使营销很难跳出框架去操作。"很多广告公司和品牌都是靠投入人力来工作，认为投入的人力越多，思考的结果越好。"德拉姆在布鲁克林的威廉姆斯堡与卡尔森和我进行视频通话时这么说。

但是正如你我所知……我们所在的广告公司1个人可以顶其他公司的25个人。很多公司喜欢请专家来处理这些工作。但是……但我宁愿和一个人手更少却有多样想法的广告代理公司一起工作。每当你要启动推广活动，品牌方和广告代理方有25人参加会议，你必须确认部门里每个团队的人是否认可。小团队协调各项工作当然更得心应手。

卡尔森指出，有些广告公司和品牌在管理多元化团队上的看法太过于循规蹈矩。如果他们能跳出框框考虑他们的营销角色，他们就能跳出框框考虑如何更好地分发流量。

"我整个职业生涯都在社交媒体领域工作，但社交媒体领域有大量专业化和资本化的企业参与。他们只能看到越来越大的步幅。"她说她的文科背景在很多地方帮助了她。而很多仅有商科学历或营销专业背景的人却有相对劣势。

我有一个相对传统的文科背景……在霍夫斯特拉大学，我在人类学、艺术学、外国文学方面修习了很多课程……这让我了解到不同人的语境和背景也不同。我看到我和其他营销人的区别是讲故事的能力……也就是把故事置身于不同的消费者情境中来考虑的能力。而太多的营销人固守在数据中，仅仅依赖数据工作。

德拉姆快速插进来说，有些企业并不喜欢全方位的职业背景：

很多企业在营销人力方面并不太喜欢面面俱到的职业背景。他们只是根据在特定领域的突出表现来招人。他们需要的是能够做创意的人，或者能够做分析的人。这就产生了画地为牢的问题。在奥美的时候，有一个创意人员对我说，我不会成为创意总监，因为我不是一个专业撰稿人，虽然我曾经写过6个电视广告片的文案。

在卡尔森看来，这种传统的、僵化的观念和用人习惯导致很多企业丧失了竞争力。

市场营销传统的职场道路是线性的。总是有人给我这样的建议："你要在3年内坐到这个位置上"，然后是"你的这个级别和工资水平会保持4年，在下一个级别上再待5年"。人们的专长来自于在一个长期的过程中积累经验。今天我们的经济发展中发生了一个变化，要求人们掌握各种新技能，他们不得不去学习这些技能。你必须知道如何与人沟通。当我在Sprinklr工作的时候，他们很重视分析，数据量很大。他们聘用我是因为我正好相反。我是唯一一个可以和客户及各种人侃侃而谈的人。有一位员工试图解释数据，而客户弄不懂讲的是什么，我用打比方（而不是数学）的方式来说明，他们才听懂了。现在的生意之道是你有两个员工，每个人要做五种不同的工作。这些工作都要求更为聪明的营销人要更有进取心，要掌握工作中的各种关键因素。

卡尔森觉得，即使是很好的文案人员，他们在营销领域也会有无法发挥作用的一天。

如果要推广的是价值很高的东西，好的公司不能光有故事，或者讲故事的文案，而需要有使命感。一个航空公司的CEO决定要把公司打造成百年企业，打造成世界上最环保的公司，那么，聚焦这个目标，就可以让公司聚焦于其使命，就可以让整个世界变得更好。好的营销归根到底是来自好的公司、好的文化和好的领导。

从品牌故事发展到使命，这很可能是传统营销可以达到顶峰的原因。弗兰克·罗斯认为，这也是传统营销走向末路的开始。他的看法基于这样一些线索：

品牌故事的世界不可能是封闭的。它需要保留足够的穿透通道，人们可以自行进入或者离开。但是对于沉浸来说最基础、也是最难达到的要求是：同谋的私语。由品牌营销者创作并提供给人们去听、去看、去思考的时代，即使以前真的存在过，现在也早已经过时了。现在，他们邀请人们加入他们的世界，并寄希望于足够多的人能够停留下来，让他们的努力可以得到回报。

案例
为艾娃滑动鼠标

我没有参加2015年的SXSWi大会[1]，那个在奥斯汀久负盛名的互动媒体嘉年华，但是我参加了推特组织的活动。那是非常喧嚣的一周，创业企业和品牌商们争着想要脱颖而出，而我突然想起了一个概念，正好符合眼前的模式，也就是罗斯和博伊德共同说的"同谋的私语"。

---

[1] SXSW的全名为South by Southwest，始于1987年，是在美国德克萨斯州奥斯汀举办的覆盖音乐、电影以及互动三大领域的年度嘉年华会，其中穿插了许多论坛会议，三个领域各自独立举行，有着不同的起始与结束日。——译者注

艾娃，25岁，当时正在和推特的一些用户互动，告诉他们如何注册登录Tinder。Tinder是一款实时约会聊天软件。艾娃四处招徕访客（很明显，程序员为她编写了吸引男性的程序，只要那些人在推特或Tinder上加注了#SWSWi主题标签，就会收到艾娃的约会邀请）。很多访客并不知道，就在这个星期，以艾娃为原型的电影《机械姬》①在2015年SXSW电影展上完成了首映。

开始的时候，很多人认为他们是和一个可以约出的对象简单交谈了几句，但当艾娃向他们发送了她的Instagram网页、分享电影的片花和剧照后，他们意识到了真相。从心理学角度说，这件事可能让很多年轻人失望了，本来他们还想继续和艾娃搭讪。这个活动用一种非企业行为的方法吸引了他们的注意力，使他们进入了一种"迷醉状态"。

实际上，几乎所有的颠覆性营销的最佳案例通常都不会引入产品的营销和真正的广告。与传统营销相比，颠覆性营销关键的不同是它不销售任何东西，它是通过一个不断持续深入的对话让人们沉浸其中。

这种新形式是什么时候开始的？其实，语言是最早的社交媒介，颠覆性的模式可以追溯到古埃及人交换商品和服务的时候。现代社会最早的颠覆性营销开始于20世纪90年代的晚期。

---

① 《机械姬》（*Ex Machina*）是由亚力克斯·嘉兰担任编剧兼导演，多姆纳尔·格里森、奥斯卡·伊萨克主演的一部科幻惊悚片。该片讲述了老板邀请员工到别墅对智能机器人进行"图灵测试"的故事，于2015年1月在英国上映，2015年4月在北美全面公映，后获得多个重要电影奖项。艾娃是其中人工智能的名字。——译者注

第 2 章
颠覆的持续：永久的改变

WEAF 的颠覆性实践让广播行业实现了盈利之后，新的商业模式掌控了媒体行业，直到 1994 年雅虎出现。雅虎证明了有限的媒体资源再也无法满足人们的信息需要了。取而代之的做法是，人们可以按照自己的意愿去搜索新闻，探索丰富的可能、对策和解答。

从版面和时长到用户意愿，再到互动和沉浸

尽管搜索引擎的使用行为与大众媒体提供的阅读方式非常不同，雅虎的广告仍然沿用了旧的模式，也就是按版面和时长收费，广告主在搜索关键词出现的结果页上出价购买特殊广告位置。

时间很快到了 2007 年，我们再也不被笨重的笔记本电脑所束缚。随着苹果手机和 iOS 操作系统的到来，搜索变得移动化。虽然苹果手机并不是第一台智能手机，但由于它允许软件开发商在它的平台上为感兴趣的用户提供体验、解决方案和服务，而这些用户把手机当作他们最为重要的交流工具，iPhone 由此颠覆了整个市场。很快，使用场景已经不仅是在移动设备上搜索信息，而是变成通过 Facebook、推特和领英互相联系。当品牌商看到这一点，他们发现其实不一定要购买版面和时段——他们可以根据受众的数据和客户意愿，精准投放信息。

经过了将近 100 年的时间，营销世界从一个按版面和时段购买广告的阶段，发展到按受众特征和意愿购买广告的阶段。在随后的 5 年，它将逐渐发展为互动和沉浸的阶段，随之而来的还有客户设计的产品、客户创造的产品、物联网等。

其中物联网是将各种实物物品进行连接，比如电力网络、软件网络和传感网络，从而形成新的全球网络。技术已经通过影响人类行为，改变了我们进化的方式，而这种改变仍将在未来100年持续下去。

虽然很难说沉浸是这个过程的最后一步，但这是颠覆性营销人下一步马上要面对的。而在过去的十年里，他们对此还没有过任何体验。颠覆性营销人可能会从一个用户体验的角度，用一种最为系统的方式，努力描绘出新的场景；而与此同时，传统的营销人仍然会用我们早就废弃的传播方式对我们进行轰炸。

由于新世界充满了不确定性，它要求颠覆性营销人要保持好奇心，而不是在现有的数据上停留下来。Tinder的艾娃活动是一次很好的预演。也许人们无法评价它是成功的还是失败的，而它仅仅是对未来电影行业的一种促销和参与互动的提示信息。传统营销思维有一种有始有终的阶段性，在这些阶段中，活动一步一步从一个设定时间执行到另一个时间。但是在数字世界里没有停止的节点。在任何时间，世界上总有某个地方，一些人会享受在沉浸状态中。

颠覆性营销人从来不满足于他们的成就。数据源源不断地产生，那么，我们如何使用数据来赢得竞争优势呢？

数据和颠覆：竞争优势

在20世纪90年代早期，最主要的搜索引擎是雅虎。但到本书写作时，它只占美国搜索结果市场的13%。发生了什么？

雅虎在它的搜索结果页面（Search Engine Results Page，简称为SERP）安排上，并没有一种可以评估搜索结果重要性的算法。SERP是你使用关键词、短语或者某种自然语言（例如"离布鲁克林的公园坡最近的比萨店在哪里？"）进行搜索后呈现的页面。

在加利福尼亚州门洛帕克市的一个车库里，有一家叫谷歌的小公司发现了这个问题，它开始寻找呈现搜索结果的新方式，不仅要能提供更有效率的呈现方式，而且可以颠覆雅虎在版面上收钱的做法。通过把数据导入一种新算法，谷歌发现了一种让用户在网上找到重要信息的搜索结果排列算法。这种算法被称为

"佩奇排名"[1]。佩奇排名的工作原理是通过计算页面中链接的数量和质量,以评估这个网址是否重要。这其中的假设是一个网址越重要,它可能会获得的来自其他网址的链接就越多。谷歌用来优化搜索引擎结果的不仅仅是这一种算法,但它是谷歌最早同时也是最著名的一个算法。

雅虎有更多的资源和员工,但他们并没有考虑客户体验和交互界面设计。他们只是按照他们觉得最好的方式运营,沿用非常传统的思维运营。

当你在思考以什么样的方式推广自己的生意更为有效的时候,如果你没有基于你的产品、服务、解决方案和信息的设计来考虑客户或用户的体验,你在这个沉浸式的新时代注定是走不远的。在信息时代之前,客户要获得关于任何事情的信息都是非常困难的,信息是稀缺的,而大多数公司也乐于见到这种状况。今天这个模式已经反转了。实际上,是公司这边很难再隐藏顾客对于他们的产品或服务的评价——不管是好的还是坏的。

在传统的营销模式中,信息是按照一种自上而下的方式从企业传播到个人,由一个责任人团队(通常是一个营销人或者市场部)负责。

在颠覆性营销中,沟通和对话是由很多个体自下而上或横向发起的,其中很多人甚至都不是员工。有时相关信息是百分之百用户原创的,不是由品牌制作,甚至也不是由品牌传播。因为有了社交网络,相比从品牌到客户的信息传递速度,用户原创的信息能以更快的速度传播,这都要归功于各种应用程序接口[2]。

很多传统的营销人现在在写数字化时代变革的文章,通过博客讨论内容、移动技术和社交媒体,而我们希望去挖掘更为重要的部分,即如何在一个不断变化的世界里保持竞争力。我们的做法就是要聚焦于颠覆性营销的关键所在。我把它

---

[1] 佩奇排名(PageRank),以它的发明者拉里·佩奇(Larry Page)的名字命名,又称为网页排名、网页级别、Google 左侧排名等。它以网页页面之间的超链接关系计算页面的重要性。——译者注
[2] 应用程序接口(Application Programming Interface,简称 API),又称为应用编程接口,是软件系统不同组成部分衔接的规则。大型软件为了更好的维护性和扩展性,通常会被划分为小的部分,API 接口就是用来让各个组成部分相互之间顺利对接,从而完成聚合性的任务。——译者注

称为"下一站的快乐"（The Joy of Next）。这个术语引用自心理学家丹尼尔·吉尔伯特（Daniel Gilbert）的著作《撞上幸福》（Stumbling on Happiness）。

颠覆性营销：想象未来，促成实现

一个颠覆性营销人的人格特质核心是什么？根据吉尔伯特的理论，应该是人类大脑中取得最大进步的东西："人能够想象在现实世界中根本不存在的东西，而这种能力让我们可以思考未来。"

想象未来状态的能力，这是人类大脑最为重要的特性。它也是我们在今天需要更多使用的能力，要忽略掉那些显而易见的、传统的东西。

谷歌的埃里克·施密特（Eric Schmidt）和乔纳森·罗森伯格（Jonathan Rosenberg）讲述了一种模式，他们把这种模式归因于"未来状态"的超前思维哲学：在谷歌工作的人不会陷入专家模式。对于一个21世纪的知识工作者来说，专家模式也太保守了。他们在《重新定义公司》（How Google Works）一书中写道：

> 谷歌的员工都是多面手，除了拥有精深的技术外，还有商业的悟性和创意的天分。换句话说，他们不是知识工作者，至少不是传统意义上的知识工作者。他们是一种新型生物，我们称之为"智能创意者"（smart creative），而他们是企业在互联网世纪获得成功的关键。

案例
规模化软件

2006年，当我在创业圈工作的时候，企业都了解手机的作用，但没有人想到过，它在未来十年里会成为沟通的主要渠道。相关营销的投入还是零，包括营销云、分析度量仪表盘、程序化购买模块、社会化媒体监听系统、应用程序接口以及视频编辑套装等，这些可以取得实时效果的营销工具都还不存在。市场部门需要大量的人力进行规模化操作。

但是今天已经不一样了。根据不同的商业类型，原来需要上百人的工作现在 5 个人就完成了，有的时候甚至可能只要 1 个人就能完成。分析方法不仅帮助重塑了营销，也帮助我们重塑了沟通和创造的方式。

1937 年，经济学家罗纳德·哈里·科斯①发表了一篇极富影响力的论文——《企业的本质》。在这篇论文中他提出，高昂的交易成本是企业变得如此庞大的原因。企业会在内部完成几乎所有的工作，因为外包服务、供应和销售的成本太高了。但是今天，因为有了那些工具来进行商业操作，营销成本变低了。事实上，你可能很熟悉这种营销技术的图景：有许多公司为营销提供支持，一家叫 chiefmartec.com② 的网站每年都会发布一个营销技术生态全景图，来描绘这个景观。

到 2015 年，这样的公司大约有 1876 家，分属于 43 个不同的营销技术种类，在这里仅举几例：数据可视化③，移动应用分析④，协作工具⑤等。

---

① 罗纳德·哈里·科斯（Ronald Harry Coase），新制度经济学的鼻祖，1991 年诺贝尔经济学奖的获得者。他在 1937 年发表《企业的本质》（The Nature of the Firm），提出了"交易成本"（Transaction Costs）这个重要概念，以此解决企业存在的原因及其扩展规模的界限问题。——译者注
② 斯戈特·布林科（Scott Brinker）自 2008 年起一直针对营销与技术的互动发展及对营销策略、管理和文化产生的影响发表博客，其网址为 chiefmartec.com。现在他还每年发布《营销技术生态全景图》（Marketing Technology Landscape Supergraphic），在业内得到广泛传播，有很大影响。通过这张营销全景图，可以轻松了解美国甚至全球营销技术领域相关公司与平台。——译者注
③ 数据可视化（Data visualization），是一种沟通交流数据和信息的技术，用直观的图表方式显示数据的分布，从而使各数据的内在联系得到更好的分析。——译者注
④ 移动应用分析（Mobile analytics），一种针对移动应用程序的统计和分析服务。通过对大数据及用户行为分析，可以深度挖掘用户价值，分析渠道特定，驱动产品优化运营。——译者注
⑤ 协作工具（Collaboration tools），针对企业级用户打造的内部或外部之间通信、协同的平台和工具，以此促进沟通，提高效率和安全性。——译者注

这个世界到处都是公司（有很多公司只雇用了几个人）——规模不等，从个体户到财富五百强企业都有，都希望能获得针对其他公司的营销主动权。那么，什么是新世界？它为你的企业——基于它的目标和运营——找到最佳工具，从而使你在营销新图景中获得优势，并利用能产生共鸣的手段让你的产品与其他产品区别开。

杰弗里·科隆
@djgeoffe

颠覆性营销和增长黑客将最终取代传统营销。
#disruptivefm

2016 年 2 月 29 日 3:34

我们如何有效利用这些工具？要回答这个问题，让我们回到丽贝卡·卡尔森那里，她热衷于研究企业是如何通过整合其资源来获得影响力的。

迷醉状态的体验

丽贝卡·卡尔森认为，大多数公司还在使用传统营销手段，企业开发产品和服务，然后把它们"推向市场"，希望他们的宣传策略可以吸引新的客户——在某些时候，还要留住客户。她说：

> 我花了很多时间思考……数据（特别是社会化聆听①，对此我有第一手的体验）是如何被营销人利用，从而放大其价值的。最具颠覆性的技术看起

---

① 社会化聆听（social listening）是指通过社会化媒体去倾听目标消费者的需求和意见。企业通过捕捉网络上与品牌、产品、营销事件相关的关键词，去监测消费者都对品牌/产品/营销事件说了什么，并在此基础上对营销进行决策。——译者注

来是由软件开发商完成的，而不是品牌商完成的。在我看来，社会化媒体和内容对于品牌来说，是与消费者建立个人联系的最为有效的方式，但我觉得耐克通过用户提供的数据，在建立联系方面走在了前面（耐克的跑步和训练App，还有他们的 Fuel Band 手环）。关于数据被介入有一个经典的例子，有个人发现他的女儿怀孕了，根据就是塔吉特公司[①]送来的定向优惠券。

卡尔森怀疑现在的大部分营销到底能立足于何处。她补充说：

我觉得很多品牌现在并没有通过颠覆性的做法放大数据的价值。我想他们更大的兴趣是对营销工作进行量化，这种营销工作主要是通过内容营销和视觉化沟通来实现的。图像识别技术绝对是现在社会化聆听平台上的重要焦点，而如果有人发布了一张可口可乐的图片，但没有在图片上加注标签，现在的平台搜索引擎就不会抓取它。有能力去搜集这类型的数据本身是非常有价值的一件事，特别是现在的沟通越来越视觉化了（Gif 图像、表情包、Snapchat[②] 等）。

随着个人沟通技术（智能手机）的到来，随着连接终端与应用的新世界（物联网）的降临，公司开始可以通过众包模式开发新的产品创意，传统营销模式变得越来越过时。那么，怎样才能跟上趋势呢？

案例
趋势实验室

进入颠覆性营销的最佳方式，不一定是要利用更多的营销、信息、广告或者技术，而是挖掘你的客户情感中的时代特征。这说起来容易做起来

[①] 塔吉特（Target）是美国第四大零售商，其定位是高级折扣零售店，总部位于美国明尼阿波利斯，成立于 1962 年。——译者注
[②] Snapchat 是一款图片分享应用软件，用户上传图片、视频、文字后可以为这些内容设定一个删除日期，以满足用户安全和隐私方面的需要。其主要用户为青少年。——译者注

难,因为这需要你的方法更人性化,少一些程式化,少一些"按道理来说"的约束限制。

颠覆性营销人不遵从既有的规则,相反,他们需要对新生事物一直保持关注。基于这个原因,我们需要研究新趋势。它们是刻画人们行为的最好指标——而且你永远不要忘记,是人创造并主导着呈现在我们眼前的一切的。

我曾经在一家叫邦德策略与影响力机构的小型独立广告公司里工作。公司的创始人兼 CEO 马克·希勒(Marc Schiller)订阅了一份名叫《趋势实验室》(*Trend Labs*)的月刊,他从中汇编一份趋势清单,每个季度发送给客户,而那些客户们很乐意看到这种信息,因为这给他们在市场上带来了竞争优势和差异化的优势。

沿着马克的例子,下面是趋势实验室的一些热门观点,你可以从中思考一下颠覆性营销的世界。

营销人应当关注的十大趋势

1.移动设备将是最重要的平台。智能设备——智能手机、平板电脑、手表、可穿戴设备、眼镜、微芯片、微软 HoloLens 全息眼镜等——将会重新塑造、重新融合营销世界。当我们进入到智能设备的世界时,营销会建立起与客户更加个性化的关系。如果有人能比竞争对手动作更快的话,就将在这个创新领域获得领先优势。

2.透明度将成为成功的企业–客户关系的一部分。客户希望与公司建立更多的互动。一味使用传统的单向宣传模式的公司终将失败。到 2020 年,客户对透明度的期望将会更高。可信赖的公司,包括那些愿意认错的公司(有一种趋势叫"小缺失"①),会得到很好的回报。而企业也会把社

---

① 小缺失(flawsome)是 2012 年开始流行的一种品牌观点。它认为消费者并不期望完美的品牌。有点小瑕疵但勇于承认的品牌会受到消费者的欢迎,因为它们表现出鲜明的品牌个性特征和人性化特点。人性化品牌(human brand)和透明度制胜(transparency triumph)是推动这一趋势的两大因素。——译者注

会责任作为文化的重要组成部分。这些行动会帮助企业建立与其客户的联系。

3. 内容是金。2013年5月，我在《快公司》发表了一篇文章，标题为《内容是新的货币吗？》，说明了在可见的未来，内容——特别是教育性和娱乐性的内容——是人们生活中不会发生变化的重要部分。但是，内容并非是静止的，会以各种新的形式发布，例如虚拟现实技术、视频游戏、3D或者4D，发布的平台包括Oculus Rift①和Xbox等。很快，可穿戴的全息眼镜将会重新打造内容的制作过程。这里会是颠覆性营销为内容对接建立新标准的领域。

4. 最为颠覆性的是用户原创内容②。用户原创内容的力量终将超过品牌自身提供的内容，而品牌也可以由此重新掌控对于客户的营销。从在线点评到社交媒体发布，这意味着品牌将会有一种非常强烈的需求，要在客户心目中创造正面的形象。对应这种用户原创内容制作模式，品牌与客户共同创造内容会成为一种很普遍的趋势。

5. 社交网络会成为对抗互联网原始生态的新生态系统。社交网络有非常大的潜力能成为一个渠道，而且是最重要的那个渠道——很可能既是现有互联网的一部分，又是另一个具有独立完整性的互联网。一个社会化的、有共同兴趣的、有经济属性的族群图谱已经出现在我们眼前。在这些族群图谱里，人们基于一个独特的共同体互相关联。由于移动设备、宽带和呈现在Facebook、Instagram、推特、Tumblr、领英、拼趣③、Snapchat

---

① Oculus Rift是一种虚拟现实装备，为电脑游戏设计的头戴式显示器。2013年推出开发者版本，2014年被Facebook收购。——译者注
② 用户原创内容（user-generated content，简称UGC），指在互联网领域用户将自己的原创内容通过网络平台进行分享。相关平台的例子有微博、Facebook、百度贴吧等。——译者注
③ 拼趣Pinterest是美国热门的图片分享社区，被称为图片版推特，由本·希伯尔曼（Ben Silbermann）于2011年与保罗·夏拉（Paul Sciarra）、伊文·夏普（Evan Sharp）共同创立，到2013年已经进入全球热门社交网站前10名。——译者注

等平台上的高质量内容的作用，这些族群图谱形成跳跃式发展。

6. 品牌自身会成为多媒体，降低了对媒体和出版人的需求。品牌商与他们的客户一起深耕品牌社区和文化，开始与他们的听众协作（与单纯想要卖东西的做法截然不同），这会提升品牌忠诚度和品牌好感度。在未来，品牌和营销推广的种子将植根于客户谈论的话题和客户创造的内容中。客户对于品牌的反应和感受将会主导未来产品的开发和优化。如果客户感到满意，他们会愿意站在营销人的立场，并尽心尽力地把品牌传播给同好和族群图谱里的其他人。

7. 聚焦于Z一代①的品牌将会获得优势。相比他们之前的世代，后千禧一代（post-Millennial）会提出更多要求，各种品牌一定要了解这一点。对于历史较悠久的公司来说，简单地把目标人群从千禧一代转移到新的目标人群是不够的。到2023年还会有一次转换。那些由千禧一代创办的公司——例如Facebook、Instagram和Snapchat——也许会为了生存而不得不调整它们的全部产品和战略。Z一代要求企业不仅仅为了盈利而生存。资本方也会面临调整，那些把收入看作是成功唯一指标的人是错误的，早晚会被淘汰。

8. 最重要的营销颠覆是围绕产品展开的，而不是围绕服务展开的。当服务型公司着眼于提升客户幸福感，并且致力于把生意做得更长久，获得正面的社会效应的时候，产品型公司正在致力于创新和打造未来的景观。此时此地已有的东西是好的；但未来的产品是可以、也需要付出更大的努力来提高的。因此，对于未来的营销人来说，客户的满意度和存留度总是不够的。创新型产品和解决方案将为客户创造更大的价值。

---

① 关于X一代、Y一代、Z一代的时间划分有不同解释。主流观点里Z一代是1995～2000年出生的人群。这一代人从出生就开始在互联网上生活学习，与之前的世代形成鲜明对比。可参看2015年《新周刊》杂志第438期青的文章《Z一代的56个特征》。但本书中Z一代主要是指千禧一代之后的那批人，即2000年（千禧年）前后出生的人群。而本书中千禧一代是指20世纪80年代以后出生的人。——译者注

> 9. 个性化的、数据驱动的颠覆性营销将成为常态。在数据驱动的颠覆性营销与拦截式营销①之间有一点不同：前者更看重关系，内容扮演着建立信任的角色；而后者如同新瓶装旧酒，在新的数字化包装下，仍然是向客户灌输信息的老派做法，没有什么别的东西。如果营销者能够在好的产品之上聚焦关系的建立，他们将获得回报；而依靠粗陋的产品或劣质的服务，这些快速山寨的仿冒者很快会被淘汰。
>
> 10. 跟踪指标将变得更加精确。现在，大多数企业衡量营销成功的标准还是盯着一些空洞苍白的指标，比如品牌印象、偏好、分享或者参与度。我们还在开发复杂的工具来挖掘合适的数据。未来将会证明，会有更好的分析工具，帮助营销人从情感和文化相关的角度来衡量营销是否成功，就像投资回报率指标一样。

使用颠覆性营销的多是科技公司。计算机、电话、应用程序、电子设备或服务以"最小化可行产品"②的形式推出，然后一边获取用户，一边进行持续的更新。想一想你下载过的所有应用程序，现在它们都更新到什么版本了？

现在的世界已经发展到这样一个阶段，一个销售儿童服装的实体店，还有你家当地的比萨店，都会像科技公司一样运作。颠覆性营销的技术手段广泛应用于所有行业。(你觉得我在开玩笑吗？Zeeks，这是西雅图一家比萨店的移动应用程序，它的点餐、配送和支付体验都很好。它甚至保留了你之前订餐的记录，这样就不需要重复下单，非常适合我这种每周五晚餐都吃得一样的人)。

---

① 拦截式营销（Interruptive Marketing）是传统的利用持续的广告、促销、公关和销售推广产品的营销方式。企业通过输出营销信息，拦截客户，使他们停下来接受和处理营销信息。——译者注

② 最小化可行产品（minimal viable product），或最简化可行产品，是硅谷创业家埃里克·莱斯（Eric Rise）在其 2012 年出版的著作《精益创业》一书中提出的"精益创业"（Lean Startup）理论中的概念。为了实现产品快速更新，可以先用简单的原型——最小化可行产品，建立与客户的关系，然后通过测试并收集用户的反馈，快速迭代，最终适应市场的需求。——译者注

颠覆性营销的四个目标

那么,在你进行颠覆性营销的时候,或者你想在你的企业里强化颠覆性营销的时候,你应该设定什么样的目标呢?

下面四条在我看来是颠覆性营销人应该努力的方向:

1. 设计可以满足新兴市场需求的产品、服务、解决方案或使用动机。仅仅推广产品已经远远不够了,特别是那些不是在一开始就有人需要的产品。营销人应该基于他们对于人类情感的理解,协助做出真正的设计或提升用户体验。这将推进到……

2. 重塑产品,或对现存产品、服务、解决方案或使用动机进行重新设计,使其可以在现有产品无法满足客户需求时填补这块空白。很多公司因为客户不喜欢他们的产品而彻底放弃。这种态度会阻碍你持续性的增长,甚至让你出局。其实你可以放弃旧的产品(例如 PowerPoint),转向采用更适应于新标准的产品(例如 Sway①)。你可以通过下面的做法来实现……

3. 以客户为中心。你所采取的任何行动都应该是从客户角度着眼的,即使这种做法可能不会增加企业的利润。这就是前面提到的"沉浸的艺术"应用的地方,也是"迷醉状态"得到应用的地方。客户希望能够深入你的世界,而不是简单地接收品牌的信息。理解客户的最佳方法是通过……

4. 情商。最为颠覆的营销人会把设计产品的想法与大胆的操作执行结合起来——也就是说,他们不会认为他们的业务仅仅是公司内部员工的事情,他们的目标市场就只是某一类客户。颠覆性营销模糊了其中的界限,客户和员工是一样的,他们通过沟通工具来协力打造产品。

上面的第四点是超前的意识。我还找不到一个能达到这种状态的公司。但是,如果我们更多地关注人类行为、设计、心理,而不仅是关注技术,最终就能

---

① Sway 是微软开发的一个易于使用的办公应用,用于创建交互式报表、演示文稿、个人故事等,在 2014 年发布。——译者注

提供客户渴望的东西，也是颠覆性营销可以推广的东西。这种运作过程最终创造出来的解决方案，会是当今世界所能看到的最为创新的方案。但是，你怎么能做到呢？

答案是采用新的沟通模式。如果整个企业不采用新的沟通模式，颠覆性营销就无法发挥作用。你不能只靠市场部的几个人就想去完成这项工作。根据高德纳公司2014年报告："数字行业的成功将促使企业采取更为大胆的行动，包括创造新的商业模式、改变实现功能的方式等。"

如果你对这种思维和行动的新方法有抵触，你会付出高昂的代价。八年前登榜财富五百强的企业里有89%现在已经不在榜上了。所谓"抵触"，是指创新力的崩溃，没有兴趣创造差异。

王雷（Ray Wang），《颠覆数字化商业》(*Disrupting Digital Business*) 一书的作者，他用"恐吓"的方式描述了没采用颠覆性营销的企业可能遭遇的后果："自2000年以来，52%的财富500强企业消失了，要么是合并，要么是被收购，要么是破产了。这种变化是由于数字化商业模式带来了营销上的颠覆。"只有5%的企业会成为领导型企业，会主动适应最新的科技，并以此改造他们的商业模式（微软、甲骨文、苹果、亚马逊、Facebook和优步都属于这种企业）。王雷说，30%的企业属于不愿意改变他们商业模式的落后者。"数字达尔文主义（Digital Darwinism）对于那些等待观望者来说是残酷的。任何企业，哪怕是最小的创业企业，都可以战胜一个财富500强企业，因为这不是传统意义上的竞争，是创造新的消费者、创造新的消费阶级的竞争。"王雷补充说，在20世纪60年代，标普500企业的平均年龄是60岁，现在这个时长在逐渐减短，到2020年预计会缩短到12年，只有原来的五分之一。

这个情形看起来很恐怖，让有些人觉得不安，但对你来说，你反而应该感到兴奋。随着新世界到来的，是新的机遇。

第 3 章
无组织时代的创意颠覆

> 创意经济是成就伟大的燃料。
> ——拉尔夫·沃尔多·爱默生（Ralph Waldo Emerson）

"喂，你是想找一套合租的公寓吗？"

我手里拿着一个灰色的老式电话手柄，这个电话上有很大的橘色按键，挂在我父母家厨房的墙上。我父母家位于宾夕法尼亚州的伯利恒。在电话线的另一端是我的朋友埃里克·科恩（Eric Cohen）。他在纽约市东村第二大街的公寓里接电话。

"嗯，是啊，但我想确认一下是不是还能有第二个房间，可以用来做音乐工作室？"埃里克说，"因为我需要另外赚点零花钱。"

"没问题，我同意，"我说，"我们也需要确认一下唱盘机有地方放。"

埃里克高兴地回答说："太好了！"

案例
地狱创意厨房里的增长黑客

那是 1996 年 5 月。大学毕业后漂了两年，我想找到生活的意义（解释一下，就是在夜总会里收拾桌子，做 DJ 的工作，给小企业做兼职设计，主要是为了和父母一起住的时候不至于啃老）。一个大学时候的好友给我找了一份国际营销的工作，服务的对象是一群没有名气的音乐家。这不是一份有吸引力的工作，但它让我真正进入了这个行业。我开始熟悉这个行业。从1991年开始，我大部分的时间就是当电台和夜店的DJ。通过早期的网络聊天室和电子邮件，我也认识了这个行业的一些人，建立了一个联络网。

所以，当有一份工作找到我（周薪350美元，没有奖金），我需要做的就是找到一个付得起房租的地方住下。于是就有了我的朋友埃里克。

最终我们在曼哈顿的地狱厨房地区[①]找到了住处。那时，它是曼哈顿一个有黑历史的脏乱差地区。自19世纪起，穷苦的爱尔兰裔美国工人在此聚居，它就开始因爱尔兰帮派而闻名。直到20世纪70年代，这里还是一个爱尔兰帮派和意大利黑手党互相冲突的地方。

那时的地狱厨房和现在完全不一样。在我们搬进去的那天晚上，我们没法离开我们的公寓，因为警察就在我们门口进行一次缉毒行动。对我们这种二十来岁的创意人来说，这是一个开启未来职业体验的完美地点。

埃里克白天要在一家电脑商店工作，而他的真实身份是一个音乐制作人和DJ。在2016年，这种身份遍地都是——恨不能每个二十几岁的年轻人都是制作人或者DJ——但在1996年，特别是与现在通过软件和社交网络轻松入门的情况相比，进入这个行业的门槛还是很高的。

埃里克有一个单间作为小型音乐工作室（其实就是我们家阁楼里的起居室）。在这里他可以制作、混音、进行专业的音乐录制。他不需要弄一个高端录音棚，弄各种花哨的设备，因为有软件和几台硬件设备就基本够用了：一个好的调音台，一些音频插件，一台笔记本电脑和一个高端耳机。

1997年，一家主流唱片公司问埃里克，他是否愿意为公司旗下一位名叫珍妮弗·佩姬[②]的年轻歌手做混音。唱片公司希望能得到不同的版本，

[①] 地狱厨房（Hell's Kitchen），美国纽约曼哈顿的一个区域，正式名字是克林顿区，位于曼哈顿西中城，曾经是爱尔兰贫民工人聚居的下层社区。——译者注
[②] 珍妮弗·佩姬（Jennifer Paige），美国著名歌手和作曲家，代表作是歌曲《Crush》（1998年）。——译者注

这样有更多的机会在电台播出。埃里克让唱片公司把歌手的声音主体（这是混音部分的声效的来源）发给他。然而，唱片公司代表完全听不懂埃里克想要什么，埃里克和我因此狂笑不止。

埃里克根本不需要见到歌手。他也不需要她到工作室重新录制任何声效部分。他需要的所有东西就是原始的声音，这样他就可以制作出整首新的音乐作品。埃里克要求唱片公司通过单车快递①把录有声音主体的数字录音磁带发给他，这样他可以把它导入软件，并在声音主体的基础上打造全新的数字音乐。

在今天，声音主体已经完全不是什么大事了，艺术家们经常把声音主体放到 YouTube 上，这样任何制作人都可以下载并合成自己的歌曲。而那个时候，在地狱厨房的公寓里做这个东西，我们差不多领先了 20 年。现在，歌曲经常被重新混录，借另一位当红歌手的名气来推广自己。（就像巴勃罗·毕加索所说的那样："好的艺术家会复制，而伟大的艺术家会盗用。"）这其实就是增长黑客的实质。在市场营销与工程技术的交叉点上，很多创业企业现在都会使用增长黑客来获取受众份额。

在 20 世纪 90 年代后期，我们已经站在了创意参与型经济（又称为"零工经济"②）的边缘，这种新经济后来成为世界经济发展的动力。这不是某些品牌发明创造的。实际上，想要进入这个领域的大型企业往往会遭遇到不信任。真实的社区像有机体一样支持着这个世界的运转，从来没有任何单一的品牌能够控制它。

---

① 单车快递（bike messenger），美国一些大城市利用自行车进行快递的物流方式。从十九世纪六七十年代就开始存在。——译者注

② 零工经济（gig economy），gig 原先是一种俚语，指演艺人接到的临时表演工作，现在也指其他行业专业人员接到大型企业或组织外包的任务，以打零工的方式工作。零工经济使大企业可以只保留管理职能，进一步提高效率，降低风险，也使很多自由职业者和小企业有机会参与重大项目的服务，并进一步保持自己的职业特色和竞争优势。——译者注

无组织时代的品牌和创意

品牌会培育出创意吗？我很怀疑这一点。尽管网上所有的文章都在谈论如何让品牌培育出一种创意的文化，但很少有人会觉得，企业推销产品是创意性行为。从另一个角度说，品牌其实可以从非主流艺术中学习到很多。

艺术总是关于某人的感受，或者是关于某人希望表达的意思。它也是一种个人陈述。当人们与艺术发生互动，人们会由此产生某种感受，这就是艺术对于世界的贡献。数十年来，品牌希望有关他们的品牌陈述和品牌故事是客户唯一能听到的故事。因为这个原因，品牌总是处在边缘艺术的前列。即使它能被关注到，它对于销售过程来说也不是那么重要。在20世纪90年代早期，随着个人电脑和类似于PowerPoint的办公软件的兴起，企业只关注实现价值的过程，会问："我们如何推销自己？""我们怎么谈论自己？"那时候的大多数广告和市场促销活动是以品牌为中心的。只有在广告口号里能找到一些艺术性的东西，例如百事可乐广告中有一条印在的罐子上的广告词是："流行艺术，我的创意。全新酷罐。"

那是在一个"只限阅读"的世界。现在有了一些变化，但很多品牌看上去还是不太明白，我们是生活在一个阅读、写作、混音的世界里。而以前的品牌叙事几乎没有为创意表达或第三方伙伴关系留下空间。但是到了2013年，艺术大张旗鼓地返回到众多促销活动中，包括W酒店①、林肯汽车、坎特一号伏特加②，还有三星电子。你可以这么说，当年轻一代热衷于艺术，并把艺术当作沟通语言的时候，很多麦迪逊大街③的人采用了"*Ars gratia artis*"④或者"为艺术而艺

---

① 喜达屋是世界著名高端时尚连锁酒店，W酒店（W Hotel）是喜达屋旗下的一个品牌。——译者注
② 坎特一号伏特加（Ketel One Vodka），源自荷兰的伏特加品牌，创办于1691年。——译者注
③ 麦迪逊大街（Madison Avenue），美国纽约曼哈顿区的一条著名大街，这里集中进驻了很多知名广告公司的总部，因此这条街逐渐成为了美国广告业的代名词。——译者注
④ 拉丁语，为艺术而艺术。——译者注

术"① 这样的口号,以此来博得年轻人的共鸣。

今天,在类似于 Instagram、Snapwire 和 Olapic 这样的平台的支持下,任何一个智能手机的使用者都开始拥有一定的创意能力,而品牌商们开始收缩阵地,重新把自己定位于现代设计和技术之中。归根到底,手机用户这么做现在已经能够获得收入了。对很多品牌、创意总监和媒体来说,为了商业用途而使用"社会图片",这种吸引力越来越大。第一,候选图片的多样性可以说是无限的。这些视觉作品通常都有传统图片库中的照片所缺乏的那种个性和真实性,而且可以创造出大量与粉丝和客户进行互动的宝贵机会。第二,现在任何拥有移动相机的用户都可以代表品牌来进行拍摄。

那是不是在说,真的会有人想创造有关品牌的艺术吗?在人类历史的大多数时候,经济发展的重点都没有放在制作、创作、发明和生产艺术作品上,因为这些不会带来资本。但是,既然现在的品牌已经开始与资本分离,不再把资本当作品牌存续的主要理由,它们就已经开始懂得,创意想象是与人联通的关键一环。颠覆性营销可以帮助品牌获得新的优势吗?

走向创意型经济

要更好地理解我们是如何进入今天的创意经济的,我们需要大致了解经济的历史和演化过程。

工业时代两大主导原则是控制和确定性。因为企业需要控制以个体形式存在的决策人,并且需要有一个流程能够让这种控制持续地获得成功,"公司"这种概念开始出现。有一本书被很多人认为是历史上最有影响力的管理学著作,即威廉·怀特② 于 1956 年写的《组织人》(*The Organization Man*)。这本书描述了公司

---

① 为艺术而艺术(Art for art's sake),是一句常见的英语口号。它源自 19 世纪早期法国的一句话:*l'art pour l'art*,其背后的哲学是,艺术有独特的内在价值,真正的艺术会脱离任何说教的、道德或实用功能。但实际上,这个术语通常用于商业用途。——译者注
② 威廉·怀特(William H. Whyte,1917～1999),美国著名的社会学家、新闻记者和人类研究学家,是美国关于城市、人与开敞空间方面最有影响力和最受尊敬的评论家之一。——译者注

这种商业形式的扩张过程，并且解释了原因。这种扩张发生在第二次世界大战时期，美国人在工作中抛弃了散漫粗放的个人主义观念，拥有管理和营销功能的组织和群体可以比个人做出更好的决策。

基于这样的理念，你就不难理解，要想获得更好的职业生涯，在企业里工作比起一个人凭借创意、激情和个人意愿去单打独斗，是更好的选择。公司是生意的保护壳，这种壳天然地规避风险，应对不确定性事件。怀特深入揭示了规避风险的想法，指出只要员工们不犯错误，就不会承担任何后果。

怀特记录下的情境看起来和现在的企业经营已经是大相径庭了。对于有些品牌来说也有可能是一致的，对照刚才的描述，你会觉得他们从来没有离开过20世纪，甚至完全符合1956年的这本书提到的一切。

在20世纪的大部分时间里，传统的理论认为，商业上获得成功的唯一前提是协作体系内的高度一致。这个想法植根于"左脑思考型"（left-brain thinking）[①]的知识经济[②]，而知识经济的概念最早可以追溯到20世纪60年代。但是，正如W. 布莱恩·阿瑟[③]在《复杂性与经济》一书中指出的那样："世界在很大程度上是有组织的、有算法的。"这就是为什么共享海量信息的超级平台比静态的网站拥有更大的能量。对于企业来说，有机的共享和算法的过滤就像空气和水对于生命一样重要。最终的结果是，影响力和名誉成为新的财富。品牌现在的任务是创立新的目标，占据新一代消费者的心智。

当今变革时代的主导性设计原理是赋能并抓住机遇。由于行为模式的变化和经济的发展，结构性变革已经变成一种必然。现在还有一些问题妨碍很多公司进

[①] 一般认为，左脑具有语言、概念、数字、分析、逻辑推理等功能；右脑具有音乐、绘画、空间几何、想象、综合等功能。左脑型思维者比较擅长逻辑推理和语言表达等方面的学习和工作；而右脑型思维者比较擅长空间想象、艺术等方面的学习和工作。——译者注
[②] 知识经济（knowledge economy），这是对应农业经济、工业经济后的第三阶段经济的概念。它是建立在知识和信息的生产、分配、使用、发展基础上的经济，与信息革命的发展密不可分。——译者注
[③] W. 布莱恩·阿瑟（W. Brian Arthur），著名美国经济学家，复杂性科学的奠基人，曾因"收益递增规律"下的"正反馈机制"研究获"熊彼特奖"。《复杂性与经济》（Complexity and the Economy）一书由牛津大学出版社于1988年出版。——译者注

行改革。其中一条是，他们无法理解，在我们这个时代，新的经济系统并不是太关注收益，而是把重点放在说服力和影响力上。

充裕时代的营销

在传统的营销者全力以赴地唤起消费者对他们产品的需求时，他们似乎忘记了新的现实情况是：信息是充裕的。实物产品和知识产权都可能是免费的。英国《卫报》记者保罗·迈森（Paul Mason）是这样说的：

> 我们现在不仅被智能设备包围着，也被以信息为中心的新层次的现实包围着。看看一架航空客机：一台电脑控制它的飞行，它经过设计、压力测试和上百万次的"虚拟制造"，它把实时信息反馈给它的制造商。乘客在飞机上看着屏幕，在一些国家还能收看在线内容。从地面上看，它跟詹姆斯·邦德时代的飞机一样，一只白色的金属小鸟。但是实际上，它既是一台智能机器，又是网络上的一个节点。它具有信息内容，也在为世界提供"信息价值"，就像提供物理上的价值一样。在一架次满载乘客的商务航班里，所有人都盯着 Excel 报表和幻灯片的时候，客舱完全可以看作一间信息工厂。但是，所有这些信息值多少钱呢？你很难在银行账户里找到答案——知识产权在现代会计标准里的估值主要是靠主观臆测。一份赛仕软件研究所 2013 年的研究报告表明，如果想赋予信息一定的价值，不管是看获取成本，还是看市场价格，抑或是看它未来可能带来的收益，都不足以完成估值计算。企业只有通过某种会计计算方法，把非经济效益和风险都囊括进去，才能向股东解释实际数据到底价值几何。在当代社会里，我们用来为最重要的资产进行估值的逻辑出了一点问题。

换个角度说，从 20 世纪 90 年代早期互联网的发明开始，到 21 世纪早期社交网络的发明，再到未来 10～15 年将要到来的物联网，经济学一直在关注稀缺性的状态。现代世界最为活跃的力量是信息和解决方案的充裕性。这种充裕性对那些觉得他们的产品是唯一值得客户关注的品牌来说，简直是一场噩梦。同样，对于那些相信只用几个渠道就可以推广他们的产品、方案和讯息的品牌来说，也是一场噩梦。

在 20 世纪 60 年代，营销渠道一共只有 5 种，但到本书写作的时候，渠道超过 70 种。如果我们把摩尔定律应用到营销上，这个数字大约每两年会翻一番或呈三倍的增长。

失去对于营销渠道掌控的影响

另一个深层因素——实际上是更重要的因素——是公司的结构并不适应正在发生的变化，特别是在营销方面。品牌对于营销渠道的控制力很弱，因为用户之间的互动总是发生在与企业的互动之前。公司加上传统的营销思维，这种结构设计的目的是避免剧烈的震动，并在震动发生后进行妥善的处理。他们的 DNA 并非是建立在一个双螺旋结构上——双螺旋结构拥有创业公司所必需的变革与重塑两种要素。

从结果上看，大多数公司错失了在创意型经济中发展的机会。他们甚至不知道该怎么去找一个住在地狱厨房公寓里的埃里克，怎么在 Spotify[①] 平台上为他们的品牌编写一个音乐频道的程序，如何把营销渗透到不同文化群体中去。造成这些的原因是，传统营销人认为，这些行为本身不会带来直接收入。

如果公司品牌是我们全球经济中仅有的玩家，我会告诉他们根本不用担心。但是经济并不是单纯由跨国公司组成的。推动了大部分经济增长的小型企业和创业企业，更有能力去获取创意经济下的优势。他们的 DNA 与大型企业构成是不一样的。他们可能也有自己的问题，例如缺乏资金资源，但也可以由此获得更大的优势，特别是当这个世界充满了越来越多的"免费增值"的增长支持工具、规模化软件以及注意力获取的培育机制等。

---

① Spotify 有中文译为"声田"，是全球最大的正版流媒体音乐服务平台之一。2008 年在瑞典斯德哥尔摩上线。——译者注

杰弗里·科隆
@djgeoffe

公司的体制是规避风险的。这在创意型经济中是一个劣势。
#disruptivefm

2016年2月21日 18:32

我们都知道，未来的品牌与今天的品牌看起来会有很大的不同。但是，很多品牌要花很长的时间去弄清楚它们将来到底会是什么样子的。而在这个过程中，随着时间的推移，原有的商业模式正在被全面摧毁。我们都知道，在未来的20年里，机器智能在价值创造中会扮演一个更重要的角色。移动设备和物流网将会改变我们与其他人或事物连接的方式。

只有通过对所有的流程工艺进行算法编程的方式，企业才能释放出足够的创意空间，来实现差异化和创新。以前花在"管理设备"上的时间和为运营投入的资源，现在被调整用途，投入到创意产出中。这也是为什么，如果企业能释放出更多自由时间用于探索各种想法和创新，他们就可以在新经济中获得更大的优势。重塑经济，从原来基于知识转向基于创意，这也包含了对营销发挥作用的方式的重塑。

2014年，我创建了一个工作表，记录我在三个工作领域里花费的时间的总量：创意、运营和管理。第一个领域包含了所有主导我的工作的创意投入和产出；第二个领域是处理时间流程表、发票、订单等；第三个领域是管理我的团队。下面是该表的样子，基于47个工作周、每周60小时工作的统计：

工作总时长 = 2820 小时

- 创意 = 282 小时，占 10% 的时间

- 运营 = 1692 小时，占 60% 的时间
- 管理 = 846 小时，占 30% 的时间

我把最多的时间给了运营，而留给创意的时间最少。如果我作为一个营销人的时间——主要是创意、美术与数据领域的交叉混合——占用 60%，而运营时间变成 10%，是不是更符合逻辑？难道这两块的时间不应该对调一下吗？当大型公司在创意型经济中竞争时，这样的工作时间分配就造成了一个很大的劣势。

2014 年，我有幸参加了一个西北大学凯洛格商学院的项目。授课的教授们划分出一些企业在进阶过程中必须争夺的东西。媒体不是被少数人控制的玩物，而是在众人中扩散的产物。从结果上来说，我们如何使用媒体——特别是如何制造意象——已经成为新的创意行为。劳伦斯·莱斯格（Lawrence Lessig），《混音：让艺术和商业在混合经济中发展壮大》（Remix: Making Art and Commerce Thrive in the Hybrid Economy）一书的作者，用他的话说："对多媒体的理解和对多媒体技术的操纵是当代人文化素养的体现。"

法国思想家居伊·德波（Guy Debord），在他写于 1967 年的评论文字中预见了这种情况。在《景观社会》（The Society of the Spectacle）中，他写到，影像已经替代了人与人之间真正的互动。"所有那些曾经直接在场的东西，现在都仅仅是一种不在场的展示。"从观察人们如何在 Facebook 和 Instagram 这样的平台上互动，我们就可以理解这一点。

独角兽们如何看待创意经济

传统的营销人和品牌利用社交媒体平台做推广，似乎认为这些平台就是按照这个功能来进行设计的。颠覆性营销人会多走一步，并问道："如果被重塑的经济聚焦于生活，而不是拥有，我们应该使用什么样的图景来传播这种迷醉状态？"这也就是说，在一个消费者社会，社交生活不是关于生活，而是关于拥有的；而在一个沉浸式的创意社会中，社交生活是个体的制造和生产，并且利用不同的通

讯平台从人群中收到评论和反馈的过程。

> **杰弗里·科隆**
> @djgeoffe
>
>
>
> 创意型经济是关于制造产品和创造体验的，而不是简单的消费产品和拥有产品。
> #disruptivefm
>
> 2016年2月21日 18:33

  我们由此进入文明史上一个新的时代。我们站在这个点上筹划未来的时候，很难从既有的知识中得到借鉴。这对于公司的品牌模式来说是一个难点，因为他们一向是使用过去的数据来指导未来的行动。相反，对于那些拥有创意性思维技巧的人，特别是那些颠覆性营销人，那些拥有想象力、可以在空白的数字画布上作画的人，那些把"不必多想，只要多做"当作座右铭的人，这反而会让他们拥有某种优势。

  与此同时，当我们从一个模拟信号社会穿越到一个数字化世界时，我们同样在加速从知识经济跨入到创意参与型经济中。在以知识为基础的经济中，针对复杂的情境，人们的工作是思考线性的、左脑型的答案。工程师分析数据，形成一套工艺流程、算式方程，或者是打造出新产品。但是，由于网络的爆炸式增长——特别是像必应（Bing）这样的搜索引擎出现——我们越来越不需要依靠知识进行变革了，因为我们需要知道的所有事情，都可以通过在联网设备上动动手指就找到。还有一些最复杂的事情还没有解决，而在未来的50年里它们中的大部分也会被逐个击破。

  从结果上来说，知识经济迟早会让位给更强大的、认知更为复杂的创意型经济。约翰·霍金斯（John Howkins）在他的专著《创意经济》（*The Creative Economy*）一书中描写了这种经济的实质：

> 创意经济包含了创意产品的……交易。每个交易会包含两重互补的价值，无形的、知识产权的价值，和物理载体或平台的价值。在一些行业里，例如数字软件业，知识产权的价值更高一些；在其他行业里，例如艺术，物理载体的单位成本会更高一些。

如果你思考一下霍金斯所说的，看一看股票市场，分析一下Facebook、微软、谷歌和苹果公司的估值为什么这么高，你会发现这是因为它们的商业模式已经跨入了一个新的时代。同样的事情也发生在一些估值几十亿美金的创业公司（硅谷人称之为"独角兽公司"）身上。

创意经济中的颠覆性营销

如果想在创意经济中运用颠覆性营销，一件非常重要的事情是要理解力量的平衡是如何转移的。如果你是基于产品的属性进行销售，你的产品会在大量的相似产品、名牌仿制品、工艺革新产品中被淹没；而如果品牌定位于服务——与定位于产品相反，反而会脱颖而出。

人们要的是体验、情绪、感受，而不是产品、属性或者价格因素。而网络扮演着信息反馈的环路，可以让每一个人找到用于他们决策程序的数据信息。

理查德·佛罗里达（Richard Florida），《创意阶层的崛起》（*The Rise of the Creative Class*）一书的作者，为品牌转型的原因找到另一种解释。现在世界经济中很大一部分是由"创意阶层"创造的。创意阶层是一个受过高等教育、具有一定流动性的人力资源阶层，在过去，他们是由相似的品牌和广告主高度整合到一起的。（佛罗里达提到的另外两个阶层是"工作阶层"和"服务阶层"。）当媒体还没有碎片化的时候，广告主很容易通过媒体计划、广告购买和品牌信息触达受众。而要在21世纪转变品牌营销方式，触达客户导向的新兴阶层，佛罗里达给出了非常好的经济学上的理由：

创意阶层是我们这个时代制定规范的阶层，但它的规范非常不同：更倾向于个性化的、自我表现的、向差异性开放的，而不是同质化的、一致性的、循规蹈矩的——这些特点代表了企业时代的特点。不仅如此，从财富和收入角度说，创意阶层还居于主导地位，它的成员相比另外两个阶层的成员来说，平均收入差不多是后者的两倍。

新创意：我们如何利用媒体

　　对传统品牌营销人来说，大众媒体总是具有很强的力量。但颠覆性营销人可以采用黑客思维，用全新的、富有想象力的方式利用媒体。格伦·雷诺兹（Glenn Reynolds）在2006年出版了一本书，名为《大卫之军：营销和技术如何让普通人击败大型媒体、政府和其他巨头》(*An Army of Davids: How Markets and Technology Empower Ordinary People to Beat Big Media, Big Government and Other Goliaths*)。雷诺兹描述了技术发展如何让人们拥有更多行动的自由，可以以此反抗"巨大的"已然成型的组织——这些组织就像守门人一样维护着旧的社会。权力的平衡逐渐消除了大小强弱的差距，演变为一个平等竞争的赛场。从结果来说，在注意力匮乏的经济中，我们如何使用媒体来触及用户，需要更多的想象力，取决于我们如何以颠覆性的方式运用它。

　　1990年，当我进入宾夕法尼亚的利哈伊大学时，图书馆给了我一个邮箱地址。我用这个邮箱向其他同学和老师发了一些电子邮件。比电子邮件还要令人兴奋的是，我得到了一个从学院电子报纸《棕与白》(*The Brown and White*)新闻室页面进入万维网的路径。早在1991年的时候，我就会每天在网上冲浪，浏览这个世界发生了什么。那时还没有多少网站。如果某条信息存在，你就可以找到它（这其实挺容易的，因为数据量是有限的）、找到答案。但不管怎样，我还是需要前面说的"守门的巨人"，他们用印刷媒体发出他们的声音。

　　很快到了1998年，那时大部分在实体世界里的信息都可以在网上找到。但是，网络基础设施还不够强大，不足以支撑新的商业生态系统。换句话说，世界并不像今天这样具有很强的移动性。尽管如此，从".com时代"生长出了今天的

web 2.0 和社交网络，数据非常丰富。实际上，谷歌的埃里克·施密特在 2010 年说："我们每两天创造的信息与我们从文明起源开始到 2003 年为止创造的内容总和一样多，大约相当于 5 艾字节①的数据量。"

这其中大量的数据是由用户产生的信息，形式包括照片、视频、图像、GIF 以及迷姆②等。作为营销人，我们总想与之竞争，甚至超过我们在商业社会里常规的竞争。传统营销人总是看重关于价值定位的陈旧信息以及关于公司愿景的叙述，就是不愿意舍弃它们，而这些信息很难被人看到、听到，更为重要的是很难在一个嘈杂的环境里被人感知到。

这是创意经济，笨蛋！

在 1992 年早些时候，詹姆斯·卡维尔（James Carville），他是当时阿肯色州州长比尔·克林顿参选美国总统的竞选顾问，在位于小石城竞选总部的墙上挂出一个标版。他支持的候选人在总统竞选中落后 30 个百分点。他在标版上写了三句话：

1. 要改变还是一成不变。
2. 别忘了医保政策。
3. 经济问题最要紧，笨蛋。

本来这是内部听众用的三句话，最后流传到外面，引起了巨大的共鸣。10 个月后，克林顿战胜了在职副总统乔治·布什，赢得了总统大选。

当时就业市场一片萧条，百姓深陷其中，卡维尔赢得了他们的注意，并且用一幅标语占据了他们的心智。这是一条很简单的信息，但是人们容易理解和传播，毕竟这是在社交网络之前靠口耳相传的时代。

---

① 艾字节（exabytes，缩写为 EB），一种数据计量单位，通常在标示网络硬盘总容量，或大容量的储存媒介之储存容量时使用。1EB = 2^{60} 字节。——译者注
② 迷姆（meme），在互联网中指文化基本因子，通过复制或模仿方式形成流传。译者采用迷姆的译法。——译者注

如果同样的信息是在今天发布的，它可能传不出一个街区，因为它缺乏创意性的、能让人沉浸其中的用户原创内容。口号和文案如果没有用户的参与，很容易被人忘记。除非这些文字是与我们熟悉而又信任的人有关，否则我们会把它过滤掉，就像我们关掉 WEAF 广播，不再收听让人心烦的广告一样。

如果今天卡维尔把那个标语交给一组狂热支持克林顿的"意见领袖"，说："我不在乎你怎么做，这就是我们坚信的东西。"那些支持者会把这些诉求变成影响力更大的信息。因为每个人在解读信息时都会有所不同，会根据自己的价值体系把信息做个人化的解读，因此造成他们写出来的故事和结果会非常不同。一旦某个信息得到了个人化的处理，人们就会闻风而动。

＃弗格森的创意营销课

2014 年 8 月 9 日，我之所以记得这一天，是因为我刚刚给我哥哥布莱恩庆祝过生日。差不多到东部时间凌晨 1 点了，我想知道西雅图白天天气会怎么样，但查询之前，我盯着手机看了一会儿推特，想了解一下最近流行什么。

在第三条或第四条的位置是"＃弗格森"。

很好奇"＃弗格森"是关于什么的，我点了进去。我读到了较早时候的一条新闻，一个警察开枪射杀了一个市民，而现在市民们都涌上街头进行抗议。那天晚上，没有主流新闻渠道告诉我发生了什么，我只是一直关注着密苏里州弗格森镇的人们发的推特。有些信息实在让人不寒而栗。

那天晚上我去浏览了所有主流新闻媒体网站，想看看他们在做什么，关于这起事件在说些什么。没有一家主流有线电视新闻台——CNN、MSNBC[①] 和 FOX 新闻——在讨论弗格森镇的事情。[②] 实际上，过了一个星期，这些新闻门户才开始

[①] MSNBC，由美国全国广播公司（NBC）和微软公司联合开办的全天候新闻节目。受众既可以在家通过电视机收看有线电视的 MSNBC 节目，也可以通过电脑上网获取在线 MSNBC 的信息。双方 1996 年开始合作，到 2012 年结束。——译者注
[②] 弗格森事件，2014 年 8 月 9 日，美国密苏里州的弗格森镇 18 岁黑人学生迈克尔·布朗（Michael Brown）被警察击毙，在当地及全国引发广泛抗议活动，并演变成骚乱。——译者注

提到当时发生了什么。但是他们的报道来得太晚了，那时市民们早就对此次事件定了性。

我感到官方的新闻报道者并没有持一个客观的态度。

弗格森事件、"关注黑人生命"运动①，还有"占领华尔街"运动②都是非常好的颠覆性营销案例。是的，我知道你想说什么："但是他们销售出去了什么了？利益动机又是什么？"之前我说过，你必须真正脱离开20世纪，全身心投入到21世纪中来。现在就开始这样做，你会发现颠覆性营销和类似的社会运动都一样，二者考虑的主要是协同传播，而不是产品和利润。

组织结构的劣势

在体验式经济中，任何人都可以提出哪些事件、信息和体验值得关注，指出它们有什么意义。这些再也不是集权式组织的专属功能了。颠覆性营销人理解这一点，他们设计出非中心化的层级结构，来帮助扩散别人创造的信息。

为了展示这一点，我们先看看下面解释组织模式的图3-1，然后再看一看类似于"#关注黑人生命"的这种去中心化运动，研究它们为什么比集中式的、严格受控的品牌营销活动更为有效。

图3-1（a）的模式是很多企业的组织层级结构。在市场营销组织里，首席市场官（CMO）通常占据最重要的位置，在这个位置之下是一些分工运行的职位，它们控制着封闭的专业小组，这些小组负责完成任务，比如数字化小组、品牌组、社交媒体组。这种结构模式一般不会有多少小组间的互动。它不会接受自由的信息流自下而上地产生，也不会接受来自其他小组和团队的信息。这样导致的后果就是，很多好的创意根本没有机会面世。

---

①"关注黑人生命"是一种国际维权行动，源自非裔美国人抗议种族歧视、警察暴力等社会不公现象。自2013年起，这场运动开始以在社交媒体加"#"设立话题的方式进行宣传，并在弗格森事件后达到新的高潮。——译者注

②占领华尔街（Occupy Wall Street），2011年9月至11月，示威者占据华尔街地区，抗议大企业的贪婪和社会的不公，批评美国政治领袖在解决金融危机问题方面无所作为。——译者注

杰弗里·科隆

@djgeoffe

等级制是用于军队的,而不是用于现代商业或关系营销模式的。
#disruptivefm

2016年2月21日 18:34

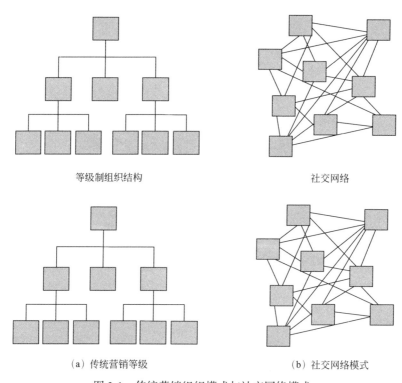

等级制组织结构　　　　　　　　社交网络

(a) 传统营销等级　　　　　　(b) 社交网络模式

图 3-1　传统营销组织模式与社交网络模式

图 3-1(b) 的模式是颠覆性营销人的地盘,与前者大不相同。在社交网络模

式中，每一个人——特别是外部的观众——掌握信息，创造解决方案。

人们会问，如果组织没有一个领导核心，它怎么运营呢？他们其实忘记了，领导核心（在这个案例中是首席市场官）没有多少创意的能力，因为他们要把大部分时间花在运营和人员管理上。但是在一个网络模式中，运营是伸展开的，好的创意有更大的机会被人接受，并得到迅速的、整体性的采纳。

去中心化运动的优势

"关注黑人生命"和"占领华尔街"经常被认为是"去中心化"的运动。它们并不依赖于某个领导。通常，领导离开组织的时候，其他人也会离开。但在这个社交网络模式的案例中［见图3-1（b）］，当最高领导离开时，信息并不会失去传播的动力。还有其他人在进行内容创作并制造体验，不需要一个"首席"官员来促成这些。

杰弗里·科隆
@djgeoffe

机敏的营销人知道，社交商业模式能让他们事半功倍。
#disruptivefm

2016年2月21日 18:34

传统营销人会依赖陈旧的沟通系统，比如电子邮件，甚至是电话。而社交网络模式却更多使用新商业模式中的工具，例如用Slack、Yammer[①]和

[①] Yammer，一种企业社会化网络服务，既可以完成企业内部通信需求，同时可在多种应用程序支持下完成聚合内部活动的任务，被称为企业内部的推特，于2008年上线。——译者注

Jive①来代替电子邮件。传统营销人过度依赖线性的、一对一的工具，而不是使用动态的、多对多的方式来助推信息。

尽管社交网络模式呈现出某种不稳定的状态，因为没有精确定义的、严格的组织层级，它似乎会走向失败，但在确保信息可以找到通路、触达更广泛的人群这方面，意见领袖实际上发挥了更大的作用。

---

① Jive 是基于 Web 结构的一套网络论坛系统软件，被广泛地应用在很多网站中。——译者注

第 4 章
你的公司需要混合型人才

前面我们已经看到，把控制当作任何营销推广工作的组成部分，在今天是一种错误观念。创意经济依靠的是从日常经历中产生的想象力，而这种经历是被MBA策略师们完全忽视的。你无法去推广你自己没有体验过的事物。如果你感受不到行业的脉动，看不到它是如何与其他行业互动的，你在超越传统的时候会举步维艰。

新颠覆：信息干扰

我们曾经提到，等级制度最好是留给军队使用，颠覆性营销能以极快的速度在整个企业组织里蔓延。2011年，当增长黑客出现的时候，我们看到了这一点。如果想快速推进营销，我们需要的不仅是数据导向的评价手段。想要在这个注意力匮乏的经济时代取得实际可见的效果，新的颠覆手段是"信息干扰"（information jamming）。

这个术语的来源是"无线电干扰"和"文化干扰"。"文化干扰"是指使用颠覆性的手段，例如非法广播和街头艺术，来颠覆现有文化的构建过程。"信息干扰"是用来描述颠覆性营销人如何看待世界向前发展的一种术语。信息干扰的核心理念是：不要因为媒体不帮你向目标人群传递信息就恨他们。你自己做，做你自己的媒体。

在最为激进的颠覆性营销人心里，信息干扰是一件很平常的事情。这些营销人喜欢越界，在客户信任方面做出一些公认不道德或不可靠的大胆举动，比如测量接收者在头脑中对信息的反应。我的导师大卫·布鲁克斯（David Brooks），现在是奥美负责数字和社交媒体策略的高级副总裁，他怀疑这是不是适用于所有情况的正确路径。在谈到一项有关客户对于广告信息产生神经性反应的研究报告时，他说：

> 各种营销工具对于信息和行为的路径研究，还远远没有达到我们对于大脑的杏仁体①和前额皮质②的研究水平。我认为营销和广告一直在试图描绘它们的产品能让人感觉更好、成就更大。我认为数字技术将给我们越来越大的空间，帮助我们"读取"人们对于某个信息是如何反应的，并在情感反应的基础上去做出调整。我希望在这种方式上进行一次辩论，这个领域无疑是有很大争议的。

因为这个话题具有争议性，而且容易引人注目，有些公司试图控制讨论。但这是颠覆性营销人都需要好好理解的一课。如果你发现本书有些内容有争议，或者你不认同我的一些预言或观点，正好说明我完成了颠覆性营销人的任务。我在通过一种激发情绪、促成讨论的方式让你参与进来。

过去的几十年里，品牌信息总是在试图引发人们"感觉好极了"的情绪。而争议则是处在信息干扰的中心。

实际上，尽管不需要所有人都认同品牌的陈述，很多品牌仍不愿意采取某种立场，担心他们的客户会因此疏远他们。但是，假如他们不为某些事情采取立场的话，他们是不会长久屹立不倒的。

信息干扰意味着，要强势持有某种观点，以此来获得注意，引发讨论，并鼓励不同意见，而所展现的内容应该是含蓄的，不要特意露出品牌。

---

① 杏仁体（amygdala）是产生情绪、识别情绪和调节情绪，控制学习和记忆的脑部组织。——译者注
② 前额皮质（prefrontal contex）是大脑额叶皮层的一部分，也与情绪有关。——译者注

> **案例**
> **病毒式传播**

我使用信息干扰方法操作过的最大的项目叫作"男孩和他的原子"①。

2012年,我在奥美工作的时候,大卫·布鲁克斯和我参加了一次会议。这没有什么不寻常的。如果你在广告公司工作,每天都是各种会议,因为他们是按时间收费的。但是这次会议不太一样。

我们了解到,服务于IBM的创意总监想要拍摄一部新的电视广告片。电视广告是这个企业多年以来的主要驱动力。但我们理解错了。他们是想听我们讲一讲,如何让内容通过病毒式营销的方式传播出去。他们和很多其他人一样知道,互联网上一些很轰动的事情并不是有组织地发生的,有一些触发节点引导内容抵达受众,然后它就有可能像野火一样熊熊燃烧,也有可能悄无声息地熄灭。

这次会议很有意思。不同于大多数会议,创意部门并不想要一个社交战略、数字化战略。他们要的是有关分享原理的研究。他们希望了解是什么诱导人们去向他人分享内容。大卫和我匆匆忙忙回到我们的办公桌前,我们感觉到这家有一百多年历史的大公司可能终于想要做点不同凡响的事情了。但至于要有多么不同凡响,我们对此毫无头绪。

在那年早些时候,《纽约时报》发表了一篇关于"分享的心理"的研究。那个研究的结果肯定是有道理的,但对我来说,还是太过线性,不足以达成我的工作目标。作者的结论是,如果你能把分享内容的人区分开,确认他属于六种性格类别中的哪一种,你就可以进行成功的营销推广活动了。这种方法实在是太过简化了。

---

① "男孩和他的原子"(*A Boy and His Atom*)是IBM拍摄的一部动画片,使用原子进行画面制作,于2013年推出,曾因其技术手段获得了吉尼斯世界纪录。——译者注

但我还是在别人忽视的地方，发现了一个有用的信息，其中一类人在文章中被称为"雅痞"（hipster）①。但这并非是你在威廉斯堡、布鲁克林、西雅图的国会山看到的hipster，而是网上的雅痞，他们分享最前沿的内容，在创意产业中工作。大卫和我又深挖了一层。在六种分享人群中，并不是仅仅是因为雅痞分享了前沿内容，而且内容本身还是未加品牌信息的。

在2012年，社交网络充满了品牌方的内容，今天也一样。太多的品牌以为，他们在所有的地方像盖章一样挂上他们的名字，人们就会留意。当然，这是传统营销的傲慢。在我们所有的调研中，我们看不到未加品牌内容的案例。大卫无意中发现了我们可以提供给创意总监的东西，去说服IBM在进行它的病毒传播操作时不要公开品牌信息。

2011年8月下旬，墨西哥风味快餐店Chipotle推出了一部由威利·纳尔逊②出演的影片，使用了酷玩乐队的《科学家》(*The Scientist*) 那首歌。（为什么那么多创新的事情会发生在8月下旬？是因为人们都去度假了，没有花太多时间在电子设备上，所以这是一个测试产品能否流行的好时机吗？）《科学家》也是神同步的天才之作，其内容既不带品牌信息，又充满灵感。唯一提到Chipotle的地方是在片尾呈现了"chipotle.com"的信息。若非如此，观众会认为他/她看到的是一个关于可持续农业的动画片。

这首歌还可以在iTunes上下载，所有的收入捐献给Chipotle种植基金（这是他们设立的基金，用来打造更健康的、可持续的食品供应链）。截止到本书写作时，这个视频已经得到了超过900万次观看。但是播放量

---

① 本书借用"雅痞"（来自Yuppie）一词作为hipster的译法。Hipster，属于美国一种亚文化人群，具有非主流的、时尚、热衷文化、主张变革的性格特点。但实际上随着时间的变化，对于hipster的定义，或者hipster对于社会、生活、潮流的看法也在不断发生着变化。——译者注

② 威利·纳尔逊（Willie Nelson），美国乡村摇滚音乐的领军歌手，生于1933年，2000年获得格莱美终身成就奖。——译者注

大并不是故事的全部,无品牌营销贯穿了整个组织,包括一套自制的店内用杯,取名为"种植思想",一个原创的Hulu①视频节目,名叫"耕种与危险"。更为重要的是,Chipotle与千禧一代的受众站在了一起。Chipotle有很棒的产品,而它推广品牌的非传统方式也是它获得如此成功的主要原因之一。

最终,IBM同意把这部片子做成打破吉尼斯纪录的"世界上最小的电影"。在本书写作时,"男孩和他的原子"一片获得了560万次观看。影片只是在开头和结尾时提到了IBM研究院,其余的1分33秒都是关于数据储存的。在2013年,这部影片获得了戛纳国际创意节②最佳品牌内容奖。

有意思的是,大卫和我说服奥美的创意总监创作无品牌的内容,而最终获得的是最佳品牌内容奖!也许这是因为人们在其中真正注意到了品牌。

杰弗里·科隆

@djgeoffe

如果你希望品牌的内容能通过分享的形式走得更远,一定要让它尽可能地非品牌化。
#disruptivefm

2016年2月21日 18:35

---

① Hulu,美国一家提供视频订阅和点播服务的网站。其英文名字并无含义,但确实参考了中文的"葫芦"和"互录"的发音和意义,创立于2007年。——译者注
② 戛纳国际创意节奖(Cannes Lions),被称为广告界的奥斯卡奖,每年6月中下旬左右在法国举行。戛纳国际创意节起源于1954年的戛纳国际电影广告节。——译者注

如果我可以回到那个时候，我会对这个项目做什么改变吗？是的，我会使用技术领域缺少女性的数据，还有科技相关的职位难以招聘到女性的数据，然后我会把影片名修改为《女孩和原子》。如果IBM真的走到这条路上来，我想影片会赢得人们对于科技领域缺乏女性一事的关注，而IBM也会被人看成是这一领域的领导者。

为什么MFA在营销上比MBA还厉害

苹果从来不在营销上投入过多，而是更倾向于创造一个伟大的产品，通过降低固定成本来省钱。在这里，奇怪的事情发生了：三星手机，它采用的是不同的操作系统（谷歌开发的开放源代码的安卓系统）和更大的屏幕，在2013年开始获得市场份额。当三星在不同的市场上攻城略地的时候，苹果很快启用电视广告片，试图以此把自己的产品和竞争产品区别开。2014年年底的一个广告中展示的是，苹果手机不仅仅是一部电话，还是一个移动的创意工具。这个广告讲述了一个艺术家用户的故事。在这个广告投放不久，苹果报告称苹果手机的销售开始飞涨，而三星报告称三星手机的销售开始走平，增长幅度有限。

在新经济中，创意并不仅仅是为了销售，它也事关你如何从自我局限中走出来的过程。这个世界充满了盲目的跟风者、工艺被反向破解后的仿制品、免费的知识产权。在这个时候，品牌如何生存下来，继续保持与客户的关联呢？问题的答案来自于新的思考方式，其中涉及艺术、科学、数学、心理学和媒体等。但这并不是指拥有大公司从业经历和MBA等高学历背景的人就是胜任营销工作的最佳人选。

理查德·佛罗里达从人的物化满足角度解释了创意经济是什么意思：

创意是多维度的，且体现为各方面共同强化的形式。有一种误解很多人都会有，即创造力主要是存在于新的重大创新、新的产品或者新企业的创建过程中。其实，在今天的经济环境中，创意是无所不在的、不断前行的。我们持续地改进、优化所有可行的产品、流程和行为，用新的方式把它们组合在一起。

不仅如此，技术和经济的创意是与艺术和文化的创意互动的，也是从这些互动中得到滋养的。这种互动和滋养可以在一些处于崛起中的新产业里得到印证，这些产业包括计算机图像、数字音乐以及动画制作。创意需要有特定的社会和经济环境，可以滋养它的各种表现形式。马克斯·韦伯（Max Weber）在很久以前说过，新教伦理中蕴含着深层次的节俭、勤奋工作和追求效率的精神，这种精神促进了早期资本的兴起。在类似的趋势中，对于创意精神的共同承诺，通过各种不同表现形式，强化着新的创意性社会思潮，让我们的时代变得更加强大。

大多数高级营销职位总是贴着"MBA优先"的标签。这在知识经济时代有一定道理，但在创意经济时代就不是很合理了。曾经MBA在公司的等级制度里像灯塔一样闪亮。而今天，越来越多的灯塔是由创意型人才点亮的。这些人才的背景是平面设计、文案写作、视频制作和摄影技术等。MBA已经变成了陈旧的勋章，而创意型人才［其中很多人获得的是其他的硕士学位，如MFA（即艺术硕士］成为职场中的精英。

是什么造成了这种变化？首先，在工作环境里，MBA再也不像以前那样与众不同了。他们未必人人都懂得写代码、有数据处理经验，他们不一定知道如何进行设计。很多人甚至不知道如何操纵媒体以取得优势。有的人总想去制定战略，却不想去做执行。劳拉·斯塔克（Laura Stack），《执行即策略》（*Execution is Strategy*）一书的作者，解释说：当MBA们只想制定策略的时候，企业和个人注定都会失败。斯塔克说，如果空中楼阁式的策略是由不能脚踏实地的人制定的，这个策略是不会成功的。只有那些能够自始至终为了达到理想结果推进执行的人，才能取得成功。

杰弗里·科隆

@djgeoffe

有执行才有策略。聘用那些既能够思考又善于行动的人吧，你会见证更多的成果。#disruptivefm

2016 年 2 月 21 日 18:36

颠覆性营销人并不是分析与创意各占 50% 的混合型人才，而是策略、执行、分析方面的专家，可以同时承担所有这些工作。而创意是这些角色的一个基本技能。所以我们会说，一个 MFA 会比一个 MBA 更为强大，特别是这个 MFA 学会写代码的时候。

创意经济会带来令人激动的新世界，而这仅仅是巨大的经济机会的一小部分。创意人员掌握着新的技能。企业需要更多这样的人才，因为创意能力不仅仅是评价团队好坏的标准，而且事关商业上的成败。

复杂的、有挑战性的创意工作很难自动化操作，也很难以便宜的价格外包出去。实际上，创意能力是指这样一种能力：把实用主义的、毫无特色的产品，例如 Windows 10，创造性地转化成人们实实在在需要、喜爱和使用的东西。那些可以把创意能力转化为实际的颠覆性操作的人，具有成为这个新世界未来领袖的潜质。与过去任何时候都不同的是，那些具有想象力的人将会超越那些恪守流程的人。

技术驱动了这种发展。智能手机、低成本的传感器、云计算技术让一大批新的互联网服务渗透到技术最为弱势的行业中：优步搅乱了出租车行业，爱彼迎（Airbnb）颠覆了酒店业，在 Napster 颠覆了 CD 机之后，Spotify 又颠覆了 MP3。

在商业中，颠覆成了标准，传统的品牌营销手段无法再发挥作用了。能够在未来 5 年内推翻现有巨型企业的新企业，现在可能还没有诞生。但假如它出现了，它一定是发源于新的创意人才的思维，很可能是营销圈外的某种力量——也许是一个音乐家、一个艺术家，正在尝试开发 iOS 应用程序。

但他不会是一个紧握着 MBA 文凭的人。

关系营销

让我们思考一下，在创意领域中，比如时尚、音乐和流行文化中，品牌营销是如何被彻底改变的。我读了许多关于影响力营销、品牌宣传、口碑营销以及内容营销的文章和博客，这些看起来都是营销领域中新的规范。实际上这些宣讲教条的作者往往属于老派的营销人，只是在最近刚刚进入数字领域。这让我想起那些新手们，他们认为电子舞曲是在 2008 年才创造出来的。

品牌和营销的创意能力并不是新东西。实际上，创意能力中的很多东西来源于古代文明，例如美索不达米亚文明，那时已经有了人与人进行货物或服务交换的历史。那时的交易是非常个人化的，甚至没有货币交换，很多交易是基于创造性的物物交换。一个人因为他的优质服务和货物赢得越好的口碑，他就越有可能养活他的家庭。

2003 年，我第一次运作了我的口碑推广活动，客户是红牛音乐学院①。这发生在今天的社交生态系统产生之前，因此没有什么衡量指标或者投资回报率的要求。尽管如此，红牛知道，如果你能够用创造性的方式让特定的听众兴奋起来，这些听众就会转告他们的朋友。

时间很快来到了今天。我们进入了一个新的时代，作家约书亚·克莱恩（Joshua Klein）称之为"声誉经济"（reputation economies）的时代。按照克莱恩的说法，在本质上，你最大的财富是你认识谁，而不是你拥有什么。一系列在古代社会并不存在的要素，其中有一些要素甚至在 20 世纪都不存在，它们创造出公平竞争的环境，让我们获得关于客户的更好的创意，让我们的服务更有个性，并推动这些服务做大，直到走向全球市场。例如，开源软件开发主要靠同行的认可

---

① 红牛音乐学院（Red Bull Music Academy）是一个全球性的音乐机构，通过每年巡回的音乐研讨会和音乐节，培育音乐创意人才。——译者注

来获得奖赏，因为很难获得金钱上的回报。很多人对于提升自己声誉的渴望，成为他们参与这类项目的关键动因。那么，在客户参与的营销案例中，这种诱惑对他们也会存在吗？

品牌营销的新世界

营销人已经不再是广告商人了，我们是关系的经营者。在我们和客户谈起某个解决方案之前，我们怎么会知道他们怎么想？在新的规范里，倾听是一个收集反馈的晴雨表，只说不听是不行的。倾听指引我们了解人们是怎样感受的。现如今要是你不想再经营下去了，你就尽管针对广告投放进行单边讨论吧。如果你想获得长期的成功，你需要经营关系，先去倾听，然后再讨论，在讨论中要把对方的情感投入放在优先考虑的位置上。

营销人面对他们的客户，要花更少的时间向他们打广告，花更多的时间与他们联系，与他们共同成长，倾听他们的说法。形成这种关系的媒介是创造力，而不是知识。不管有多少知识，都不能在这种情形里帮到你。

在很多企业和广告公司匆忙地开始雇用社交媒体战略专家、数字化专家和首席内容官的时候，有前瞻性的企业开始设立影响力研究项目，或者聘用负责影响力研究的高管。有些员工不需要得到授权就可以成为影响力高管，因为有太多的出版平台和网络可以为他们提供服务，比如领英、Pulse[①]、Medium[②]等。这些影响力项目的内容既包括了对客户反馈的综合判断，也包括了企业在与客户进行高强度的、持续的对话中不断强化企业自身的观点。负责影响力的高管会拥有以下的能力组合：

- 了解自家产品和竞品
- 了解技术的演变
- 懂产品研发
- 懂人际关系

[①] Pulse 是一款可用于 iOS、安卓和 HTML5 浏览器的新闻集成应用，于 2010 年推出，2013 年被领英收购，2015 年底领英宣布该款应用退役。——译者注
[②] Medium 是一种全新的内容发行分享平台，允许单一用户或多人协作，将创作的内容按主题整理为专辑，分享给其他用户。——译者注

- 是思想领袖
- 能带来具有话题性的观点

在一条业务线中，与客户和其他影响力人士建立联系，倾听他们的意见，这种能力可能与我们长期持有的关于品牌营销的看法不兼容。这种创意性的颠覆做法用两种关键性要素帮助客户进行学习并做出决策：辩论和持续的交谈。

不幸的是，不是所有人都具有开创这些新项目所需的资质。很多企业匆匆忙忙地追赶趋势，他们觉得很新奇。他们试图通过建立规范来取得一个立足点，但又不会为这种规范投入太多，或者他们想按照广告活动的样子照葫芦画瓢。我们知道，这样做是没什么前途的。

找到创意混合型人才

为了探索这个新的、以创意经济方式增长的领域，做一个营销人的最佳方式是完全不去成为营销人，反而是要成为一个媒体公司。媒体公司多年来一直在与数字化传播相互斗争，但到了近期，二者之间似乎已经弥合了鸿沟。《纽约时报》《华盛顿邮报》，甚至康泰纳仕集团[1]都采用了新的思维模式。在内容、数据和创意人才的支持下，BuzzFeed[2]、Vox[3]、Mashable[4]，还有很多新的媒体网站成功地挑战了行业的极限，重新定义了媒体的形态。巨头们重新振作了起来。2015 年 7 月 30 日，NBC 环球[5]向 BuzzFeed 和 Vox 投入巨资。即使是大型的、老牌的媒体也

---

[1] 康泰纳仕（Conde Nast），成立于1909 年，全球著名的媒体集团，尤其以时尚、名流、美容、建筑、美食、旅游、人文等生活方式杂志闻名，包括《时尚》(Vogue)、《纽约客》(The New Yorker)、《极客》(Geek) 等。——译者注
[2] BuzzFeed，美国新闻网站，通过向读者发送热门新闻链接的方式，方便读者阅读新闻，2006 年在纽约成立。——译者注
[3] Vox，美国近年发展最快的新媒体，旗下有 8 家垂直网站，覆盖不同的读者。——译者注
[4] Mashable，著名新闻博客，由皮特·凯什摩尔（Pete Cashmore）在 2005 年创办。——译者注
[5] NBC 环球（NBC Universal），美国大型传媒集团，2004 年由美国 NBC 公司与环球影业合并而成。目前控股公司为美国大型有线电视、宽带网络和 IP 电话服务商康卡斯特（Comcast）。——译者注

认识到数据驱动的混合型创意信息源的力量。

当品牌持续地在这个新世界中航行的时候,一件很重要的事情是,你需要知道你的团队中有谁,团队是如何在这个环境中工作的。所以,扔掉营销中"MBA优先"的想法,拥抱50∶50的混合型创意模式吧。你可以从帮助团队培养这7种个性开始:

1. 倾听技巧。倾听是未来成功的必需条件。要想发现什么是世界上真正有趣的东西,它是如何与其他事情关联的,你需要拥有出色的倾听技巧。传统营销是完全无视这种技能的,它们总是相信大声宣讲的效果。而我们知道,那些一直在说话的人不可能保持沉默,不会去倾听和学习。你需要知道什么时候应该闭口不言。

2. 好奇心。与其在每一件事中找寻有意思的部分,不如集中注意力在你真正感兴趣的事情上——不管那是多么模糊的、愚蠢的、让人尴尬的、不入流的。因为当你感到好奇的时候,你会全身心投入到你正在做的事情当中。你会专心致志,你会拥有必需的能量和恒心来进行创新。

> **案例**
> **像达·芬奇一样思考**
>
> 你可以同时对多个事情感兴趣。作家、企业家弗兰斯·约翰逊把它叫作"美第奇效应"。①"当你踏入多领域、多文化的交叉点时,你可以整合现有的概念,创造出大量超乎寻常的新概念。"列奥纳多·达·芬奇经常

---

① 弗朗斯·约翰逊(Frans Johansson),瑞典裔美国作家,企业家,先后出版了畅销书《美第奇效应》(2004年)和《点击时刻》(2012年)。美第奇是文艺复兴时期意大利佛罗伦萨一个大家族,支持并资助了当时多种思想、文学、艺术的发展,造就了文化的极大繁荣。当思想立足于不同领域、不同学科、不同文化的交叉点上,可以将现有的各种概念联系在一起组成大量不同凡响的新想法。这种现象便被称为"美第奇效应"(The Medici Effect)。——译者注

被看作是全能型的天才，在艺术、科学和工程方面拥有同等的成就。史蒂夫·乔布斯和伟大的广告人大卫·奥格威也经常被人们看作是这样的人。

在达·芬奇时代，学科之间并不存在传统的壁垒——就像现在的公司和学术环境里存在的那种区隔。文艺复兴时代所有有天赋的人都是通才，不仅仅达·芬奇如此。

达·芬奇很轻松地从科学转向艺术，又转了回来。只有在那种无严格边界限制的地方，这种转移才能发生。这也是今天的商业通才们所在的世界。

现在的权威人士中，有很多人并不喜欢今天那些互联网人中流行的"蜻蜓点水"式的思维方式，觉得这种思维方式缺乏做事情的专注度。但是，也许这并不是什么现代人可怕的迷失，只要我们回顾一下达·芬奇所处的时代，那时从一件事情跳到另一件事情上，都是很正常的，甚至是令人尊敬的。达·芬奇的笔记里有很多进行到一半的项目，比如没取得实质性进展的飞行器，但看起来并没有人会因此对他感到不满。

杰弗里·科隆

@djgeoffe

好奇心对于颠覆性营销人来说是最重要的特质。聘用那些会提问"如果……会怎样？"的人吧。
#disruptivefm

2016 年 2 月 21 日 18:37

3.情商。我相信,由于女性拥有更高的情商,她们会有更多机会在营销岗位上担任重要职务,并在迎接颠覆性营销上发挥作用。有些行业里的竞争正变得激烈,有效营销再也不是关于数字的计较了。相反,它事关与客户建立有意义的连接。这种连接需要与你的目标客户建立友谊,让他们接纳你的文化。那些能够成功做到这一点的企业,总能成为其他企业学习的长久典范。

4.创意性。史蒂夫·乔布斯曾经有一段名言:

> 创意就是连接事物。当你问创意人员他们是怎么做这件事的,他们会觉得有点惭愧,因为他们并不是真的做了什么。他们只是发现了某些事情,然后一切看起来都很明显;这是因为他们能够把过去的体验连接起来,合成新的事物。而他们可以做到这一点的原因是,他们有更多的体验,或者他们对于体验比别人思考得更多。不幸的是,这种情况实在是太少见了。我们行业中的很多人并没有太多不同的体验。

在创意经济中,每一个专业领域都需要一定水平的创意能力。创意能力是使用之前已经存在的要素,把它们按照与以往完全不同的方式整合在一起,从而实现提升其性能的目的。实际上,有的人可能会得出结论说,创意能力是所有创新和提升的源头。你如何打造创意的愿景取决于体验。你获得体验的方法是,尽可能多地尝试不同的事情。你并不知道这些体验对于未来会有什么影响。

5.丰富性。在《免费:商业的未来》(*Free:The Future of a Radical Price*)一书中,克里斯·安德森(Chris Anderson)列举了多种通过分发内容进行推广的做法,这些做法可以提升你的业务,建立起你的用户人群。他认为,很多年龄在30岁以下的人如果知道自己可以在网上找到免费的数字内容,就很可能不习惯为数字内容付费。如果能迎合这种想要免费获取的需求,你可以吸引并留住忠诚的受众,并为你之后的收费铺路。有些人觉得这是无视金钱的做法,那么再说一次,增长黑客是通过客户体验来建立品牌,而MBA出身的品牌营销人是利用资本来建立品牌。前者考虑的是客户,而后者考虑的仅仅是企业。

6. 编写故事。营销再也不是关于企业故事和洗脑策略的了，也不是关于操纵或说服的了。它是一种使用媒体的新方式，以此来激发你的受众自己讲故事的过程。问一问自己："我的企业能让别人讲些什么故事呢？从他们的视角出发，他们会怎么对其他人转述一个故事呢？"

7. 通才专家。如果你是一个营销人，但还不知道在社交媒体上付费获取目标客户是如何起作用的，你需要花些时间提高你在这个领域的知识和技能了。如果你擅长按点击付费的广告模式和数据处理，但你不懂视频制作、形象创造和设计相关的创意流程，你需要花些时间去学习创意内容的生产过程。不要只做某一领域的专家，要成为创意和媒体两个领域的跨界专家。

在2013年的一次推特对话中，我提到社交营销和搜索营销正在迅速融合。有人问我为什么会有这个想法，我提出两个趋同的数据模型：

1. 搜索引擎广告是通过设定关键词和目标客户人群特征定义来展现你的广告的。当一个用户点击广告的时候，她觉得这条广告与她有关联，广告主跟踪这种趋同性并在网络中推送广告，由此获得收入。Facebook和推特在这些做法上与谷歌和必应很相似。

2. 社交网络把搜索整合到其功能中，从而创造了一种平滑的用户体验。举例来说，我在使用Facebook或者推特的时候，可以在当前应用中进行搜索，而不需要切换到其他的应用上。不仅如此，在不远的未来，搜索的选项可能会以兴趣为中心，而不是以关键字为中心。

对于营销人来说，"仅仅是一个创意人"或者"仅仅是一个数据专家"已经不够了。你必须成为一个跨领域人才。对于一些专业来说，这个世界正在融合。即使是教育领域也在采用混合模式。在这种模式里，学生可以学到更多，因为他们可以自主选择想要学习的学科——而这种"主动学习"最终能带来更好的考试表现，让学生掌握学科精华（或学科知识）。

所有这些技术是如何与创意能力交叉作用的？成功的关键来自于对这个问题

的理解。你不能仅在一个领域里成为特定学科的专家，你必须成为一个通才。你必须成为一个混合式专业人才。

我的妻子艾莉森（Allison）用很好的方式对此做了说明。她在电视制作行业工作了10年之后，进入了数字视频内容制作的领域。当我问她，为什么有些人有20年经验，却无法在她的公司里得到一个比较高级的职位时，她说："他们想为那个职位找一个制－编混合的人。"

"一个什么人？听起来像《终结者》电影里的机器。这对于制作数字内容有什么用？"

她笑了："不是掠食者（predator），是制编人（preditor），制作人兼编辑的职位。"

她所说的这个人是能够拍摄、制作和编辑内容的人。她的公司之所以很难找到这样的人，是因为候选人里有执行经验的不懂管理技能，而很多有管理经验的人又不懂得执行的技巧。

混合型角色逐步流行，这里有一个原因。企业总是希望能够减少成本，但他们也希望员工能够懂得所有的流程，这样可以提升效率。新的混合型人才在削减官僚层级（从而为创意思考释放出更大空间）的同时，也提供了更大的灵活性。

在传统的营销里，你可能会雇一个人去做搜索引擎优化[①]，一个人做搜索引擎营销，一个人建立和设计网站，一个人去做社交媒体，一个人去做入式营销。而一个颠覆性营销人是混合型专业人才，他可以承担所有这些事情：在分析网页和社会调研结论的基础上，找出什么样的登录页面[②]会有最高的跳出率[③]，同时决定明天为 Snapchat 拍摄什么样的视频内容。

[①] 搜索引擎优化（Search Engine Optimization，简称为 SEO），即利用搜索引擎的结果排名规则，对自身网站呈现和运营进行调整，从而提高自身排名次序的做法。——译者注
[②] 登录页面（landing page），接受流量并引导到目标页面上的中间网页。——译者注
[③] 跳出率（bounce rate），衡量网站和页面访问情况的指标，计算进入网站后仅浏览单一页面即离开的情况占总访问量的比例。——译者注

颠覆性营销人在任何特定情景下都能找到最佳工具。这不是非此即彼的选择题，而是"如果……那会怎样？"的开放性课题。在这个时代里，创造性可能是建立客户连接的主要动机，我们需要更多的多面手。20世纪50年代的"组织的人"现在是不是已经落后了？《创意智商》(*Creative Intelligence*) 一书的作者布鲁斯·努斯鲍姆（Bruce Nussbaum）就是这么想的。"组织中的人已经死了，"他写道，"他当红的时候，正是美国大型制造业繁荣的时候。那时航空公司、银行和电话公司都被严格管控着。那时日本还在生产劣质汽车。那时计算机还很巨大，而苹果只是一种能吃的水果。"谢天谢地，这一切终于结束了。

DISRUPTIVE MARKETING

第二部分
营销成功的新个性

第 5 章
颠覆性营销人的思维

> 我喜欢爵士乐的一点是,它强调要做和别人不一样的事情。
> ——赫比·汉考克(Herbie Hancock),爵士钢琴家

流行歌曲平均时长大约是 3 分 20 秒。我是怎么知道的?我可以说其中一个出处,必应搜索结果显示,在广播中播放的流行歌曲平均时长在 3 到 4 分钟之间。从最近发布在 YouTube 上的流行音乐 MV 中找出 100 首歌,通过横向分析,发现时长范围是在 2 分 40 秒到 3 分 59 秒之间。经过统计,你会发现各种场合发布歌曲的平均时长都在 2 分 40 秒到 4 分钟之间,或者说 3 分 20 秒左右。在这么短的时间里,艺术家要说服你打开 iTunes 或者 Spotify 下载歌曲。

这个时长的 1/10 是 20 秒。根据我能找到的最新的研究报告,20 秒是大多数人实际花在看单个视频上的时间。对于视频来说,在最初的 20 秒过后,观众的参与度普遍下降。

现在让我们像颠覆性营销人那样思考,并且提问:"如果这不是流行歌曲呢?如果这是硬核朋克摇滚①呢?"现在我们可以换个角度想问题。事实上,20 秒是硬核朋克音乐表现一个主题的最佳长度,它可以在 1 分钟以内说出所有要说的话。另外,在现场演出中还有大量分散注意力的事情发生(歌手从台上扑到听众中、

---

① 硬核朋克(hardcore punk),诞生于 20 世纪 70 年代初的一种极端化但具有很大影响力的摇滚形式。——译者注

舞台前的狂舞、无数人大声喧哗等），这些都妨碍听众把他们的注意力真正放在某一件事情上。

听起来很有摩登生活的感觉，对吗？

> **案例**
> **顺势而为**

1986年，我14岁。我哥哥布莱恩带我去参加一个在宾夕法尼亚州卡塔索夸镇的硬核朋克演唱会，我在那里听到了很多一分钟的歌曲。那天晚上有一个意大利乐队叫原始力量（Raw Power）。我记得有人递给我一本发烧友杂志（发烧友编写的杂志，相当于数字时代的博客），而另一个人给了我一张传单，让我把收音机调到WLVR电台FM91.3兆赫。WLVR电台是一家非商业化的当地电台，每周四晚上9点到11点有硬核朋克的广播节目（类似于现在的播客）。

这种演唱会和我以前从《流行音乐榜》杂志（*Hit Parader*）上读到的那么多关于"音乐会"的描述非常不同。《流行音乐榜》上介绍的乐队都是像范·海伦乐队[①]或克鲁小丑[②]这样在大舞台上演出的乐队。而看完这次演唱会，我注意到在乐队和听众之间是没有壁垒的。大汗淋漓地一口气演唱了60分钟之后，原始力量的鼓手站起来，开始拆解他的装备，装到面包车里去。当时没有架子鼓技师，也没有乐队经理这样的角色。

这是一个纯粹的场景。参与者们喜欢音乐，对乐队也抱有很大的热

---

① 范·海伦乐队（Van Halen）成立于1974年，是20世纪70年代中后期到80年代末摇滚领域的一支殿堂级乐队。——译者注
② 克鲁小丑乐队（Motley Crue）成立于1981年，是20世纪80年代重金属摇滚的经典乐队。——译者注

情。他们以一种"自己做"的精神面对世界，或者说 DIY 精神。DIY 并不存在于公司架构的音乐世界中。乐队需要靠音乐厂牌的经营才能打造出热门作品来。DIY 在当前公司架构的商业世界中也不存在，因为在这个商业世界里，太多的企业靠的是传统的营销人来说服客户购买他们的劣质产品。

在我十几岁的时候，我一直非常热衷于硬核朋克，主要的原因是：与其他音乐运动不同，任何人都可以成为这种音乐的一部分。它打破了专业性的封闭结构和等级制度，而这些是我们在一个不确定性的世界里获得安全感的方式。参与者的 DIY 精神可以让乐队从无到有地建立起来——很多十几岁的音乐爱好者到处举办演出。没有广播背景的人也可以在大学里的广播站做主持，没有发行唱片经验的人也可以推出 7 寸或 12 寸的黑胶唱片。乐队从此成为你生活中的一部分。

时间很快过了 23 年，来到了 2009 年 7 月 26 日午夜后的布鲁克林公园坡。艾莉森和我看完一部电影回家，走了好长一段路。这是城里一个又热又湿的夜晚。即使在有空调的电影院里感觉也不凉快。

艾莉森有 8 个月的身孕，我们第一个孩子将在两周内降临。但生活并不像我们所计划的那样。艾莉森觉得羊水已经破了。在凌晨 0 点 35 分左右，她给医生打了电话，医生建议我们为了安全起见，最好到医院去。

对这个突发情况，我们事前没有做好计划，艾莉森甚至没有收拾好她过夜用的东西。我们完全没有经验。但我们并没有特别去控制局面，而是抱着灵活处理的态度，根据情况需要去做我们该做的事情。曼哈顿大桥因为维修原因关闭了，于是我们就走布鲁克林大桥去了曼哈顿的上西区。艾莉森生下一个漂亮的女婴，我们给她取名奥莉（Olive）。快乐由此开始，我们认识到，尽管我们读过那么多书，我们和那么多家长交谈过，但要想成为好家长，基本上你还是要靠自己去完成学习，自己去处理生活交给你的事情。

另一件我自己学习的事情（不夸张地说）是通过精彩的足球运动学到的。回到1978年，我记得我6岁的时候第一次踢球赛。这球赛让我非常兴奋，因为它停不下来。足球不停滚动，这意味着我也要一直追着球跑。这球下一步会去哪里？如果它向我滚过来，我应该带球去哪里？当你得到传球的时候，你只有很少的时间去决定下一步该做什么。因此可以说，足球比赛既是体育比赛，也是一场心理赛。

现在我已经44岁了，住在西雅图，我还在踢足球，还能够灵活地骤停或突然减速。在足球这样的比赛中，取得成功需要一套混合技能。其中最重要的是敏捷果断地行动。你需要知道拿了球做什么，然后采取精确的动作。只要球还在运动，就没有固定的战术。

杰弗里·科隆
@djgeoffe

客户现在有能力做任何事情了，包括替你做广告。
#disruptivefm

2016年3月3日 14:25

成功的蓝图：混合技能组合

硬核朋克是今天进行沟通的参考设计蓝图。也就是说，对某件事感兴趣的人会驱动信息的传播。这并不是让每个人都去建立一个乐队,或者成为一个发烧友,而是说现在任何人都可以创办一个播客或者博客。这种 DIY 人就是品牌的参与型客户。新父母,同样,也是现代商业运营的参考设计蓝图。这并不是让你去照顾一个喜怒无常的新生儿,而是说你需要自己弄明白怎么和朝三暮四、反复无常的客户打交道。

杰弗里·科隆
@djgeoffe

足球比赛期间没有暂停,就像在客户关系的管理过程中没有暂停一样。
#disruptivefm

2016 年 2 月 29 日 14:39

足球实际上是当代营销运作的一张参考蓝图。没有暂停,没有计划过程,相反,现代营销人需要敏捷果断地针对客户和市场的需求做出实时反应。

成功的营销需要的不仅是一套技能。实际上以前能让营销人成功的一些技能现在已经过时了。年龄和履历曾经是荣誉的象征,但在今天已经没有多少意义了,新的趋势和行动每天都在发生。

为下一年度制订计划,这对于达到企业的目标曾经很有帮助,但是现在商业随时发生着变化——营销已经不限于朝九晚五、周一到周五的工作时间了。颠覆性营销人非常清楚,触达消费者的最佳时间是在晚上,或者在周末;在这个时段里消费者才有空闲时间,才可能静下心来了解你的内容,并沉浸其中。但是,传统的营销人还是喜欢在自己感觉最舒服的时间里做事情,而不去考虑他们客户的生活状态和行为习惯。

我曾经问过一些硬核朋克乐队："你们为什么会组建乐队？"很多人说，他们就是想尝试做点不一样的事情。（提醒自己：尝试做点不一样的事情！）在艾莉森怀孕的时候，我和其他充满期待的新父母一样，总是担心自己出错。新父母经常会有一些事后诸葛亮的想法。当我就此事问其他新父母的时候，很多人跟我说，我只需要学会适应，随机应变就可以。（提醒自己：随机应变。）

当我问足球运动员为什么喜欢足球的时候，大多数人会说（我也一样）："足球比赛总有新情况发生，你需要实时调整自己的策略，保持自己的比赛水准。"（提醒自己：要敏捷快速地做出决策。）

最近，当我和营销人交流的时候，经常会有人问我："你觉得怎么做是有效的？"我是一个践行颠覆性营销的人，希望能由此不断获得突破，我会反问他："你对于成功的标准是什么？"如果提问的人无法回答这个问题，那他根本不应该待在这个行业里。

如果你只做预知结果的事情，你的营销不会有任何意思，而你的企业只会不断衰败下去。

颠覆的文化：试验，评估，前进

颠覆性营销人首先需要知道的事情，也是最重要的事情就是：通过对数据的细致分析获得新的想法，这种收获将最终帮助我们形成新的标准，反过来以此标准进行试验和评估。评估可以让你找到下一步行动的路径。下一步随之而来的是推进新的产品创新，建立新的对接方式，形成新的方案，来理解并解决新的商业问题。

这是一件颠覆性的事情，因为在20世纪的大多数时候，营销都被看成是一种战略上的投资。企业之所以这样做，是因为他们觉得别无选择，没有太多必要去评估结果。但到了21世纪，我们已经拥有强大的能力来获取、分析数据，并由此展开行动。几乎所有的颠覆性营销行为都能够做到试验和评估。

杰弗里·科隆
@djgeoffe

如果你不去评估你的营销，你怎么能期望你的产出可以在较长周期里得到提高？
#disruptivefm

2016 年 2 月 21 日 18:39

这种评估意味着颠覆性营销人虽然在很大程度上要依赖创意能力才能立足，也仍然需要用量化的方式去评估他们的手段是否能够帮助他们实现目标。

你永远不要说："我觉得我们的广告还是有效的，因为利润在上升。"相反，你应该说："我们内容营销方案中的 45% 吸引到的客户在一季度贡献了 3 亿美元的销售额，因为我们看到受众喜欢嘻哈音乐，于是我们在内容中加入了说唱歌手纳斯（Nas）创作的一些娱乐内容。"

对于我们很多人来说，这是一个新的空间，就像那些硬核朋克乐队在 1986 年所经历的那样。在 1992 年，一支来自西雅图的名叫涅槃①的乐队，带着一种很多人闻所未闻的狂野的声音自天而降。涅槃乐队改变了美国流行音乐的景观。在后来的 15 年里，数以百计的地下乐队延续着这种创新。尽管如此，涅槃乐队还是扛大旗的那一个。

尽管那些非主流的乐队从来赚不了什么钱，也无法获得范围更广的听众，他们还是发展起了一个小型的网络，这个野蛮生长的网络连接了乐队、厂牌、粉丝、广播电台和其他颠覆性的协作体系，这个体系让美国摇滚重新振作起来，让摇滚坚守 DIY 的信条，制作出具有强烈的个性、情感、挑战性和影响力的音乐。

---

① 涅槃乐队（Nirvana），组建于 1987 年的美国摇滚乐队，曲风被称为垃圾摇滚，20 世纪 90 年代曾经风靡全球。——译者注

颠覆性营销人可以从这些之前的创新中学习到，DIY精神对于创建新的营销模式和流程是多么的重要。换句话说，我们都应该像年轻的朋克摇滚人那样，不断地建立新的"景观"，而抛弃旧的"体制"。

类似地，我们应该像新生儿的父母那样行动，随机应变，找到解决方法。虽然计划很完美，当外在环境变化的时候，计划还是要跟上变化。

我们所处的新世界信息丰富，同时受众的关注又是漫不经心的。因此，我们现在需要更冒险一些。颠覆性的DIY运动促使企业超越现有规范，迫使它们远离庸庸碌碌的人群，在这个被习惯、等级、事后诸葛与因循守旧所控制的世界里，开辟出一条新路。

关于共同愿景的迷姆文化的神话

商业的常态化是从哪里来的？颠覆性营销人是如何避免陷入这个陷阱的？很多的常态是来自于所谓的"共同愿景的迷姆文化"（shared vision meme）。

大多数企业以为，企业的愿景应该是明确的、单一的。这种愿景来自于它的创始人、CEO和高管。企业里的其他的人都要接受这种愿景，并且听从统一号令，向这个愿景迈进。

杰弗里·科隆
@djgeoffe

商业中的共同愿景的迷姆文化只能制造一致性。但商业是关于差异性的，而不是创造一种宗教信仰。
#disruptivefm

2016年2月21日 18:40

在大型新闻网站的商业频道里，我们经常能读到有关共同愿景的迷姆文化的文章。《纽约时报》报道过有关亚马逊创始人兼 CEO 杰夫·贝佐斯的事情，描述了他的公司里发动的一场文化革命，最终形成了一整套员工的行为准则。之所以会这样做，是因为他们相信这些准则能够让员工学会如何进行团队思考并保持一致性，而不让员工有自由发挥的空间。

颠覆性的世界对此有一种截然相反的看法：设定一套固定规则，这会让企业过于僵化、缺乏弹性。这是与朋克摇滚文化和 DIY 信条相矛盾的。在现实中，业绩表现最好的企业积极地到处去推动不同意见和灵活性的产生，包括在产品研发和营销领域。遗憾的是，没有太多的企业接受这种观念。我只能想到有限的几个：红牛、维珍集团、T-mobile、特斯拉、美国运通、谷歌和 IBM。（提示：我并未提到微软、Facebook 和苹果，尽管它们创造了卓越的产品，但它们仍然在使用传统的营销技巧。）

像红牛、维珍集团、T-mobile 这样的公司并不会把他们的员工当作是"资源""资产"或者"角色"——这种描述方式实际上有点缺乏人性，把员工当成了机器。机器不会思考、不会感受、不会创作出走心的故事，它们不会打造出客户渴望的独立文化。在不确定的、快速变化的商业世界里，安全地押注不可能带来什么改进。客户在寻找与众不同的产品、有创意的包装、持续的产品更新、更刺激的体验，而一味地控制风险是不会让这些客户眼前一亮。

本书的主题是要说明，用与众不同的方式进行思考和行动，这是营销的差异化要素。我知道你可能并不想冒险。无论怎样，留在原地不冒险的企业会比冒险的企业得到的更多。是这样吗？也许不是……

让我们看一看全美排名最高的五家公司，这是由员工打分的结果：

1. 谷歌
2. 贝恩咨询公司
3. 雀巢普瑞纳宠物食品公司（Nestle Purina PetCare Company）
4. F5 网络（F5 Networks）
5. 波士顿咨询公司

现在再让我们根据市场价值，看看最大的五家公司：

1. 苹果
2. 埃克森美孚
3. 伯克希尔·哈撒韦
4. 谷歌
5. 微软

然后是最具创新性的五大公司，这是基于客户体验活动评选的结果：

1. 百威啤酒
2. 耐克
3. 美国运通
4. 微软
5. iHeartRadio[①]

最后是基于消费指标的最受欢迎的五种商品：

1. 可口可乐
2. 乐事薯片
3. PlayStation 游戏机
4. 丰田卡罗拉
5. iPad

现在，让我们交叉分析一下名单，看看哪些公司出现过两次或两次以上。一共只有三家：谷歌，微软和苹果。

这些公司是市值最大的几家公司，因此有理由相信，它们的员工和客户会给它们很高的评价，而它们产品的销售规模也会很大。

---

① iHeartRadio 是一家著名的互联网电台平台，成立于 2008 年。——译者注

现在让我们再深入一点，问一个"如果……会怎样？"的问题。如果我们再根据资本市场估值看看2015年市值最高的五家公司，会发现什么呢？这是名单：

1. 苹果
2. 埃克森美孚
3. 伯克希尔·哈撒韦
4. 谷歌
5. 微软

2006年市值最高的五家公司是：

1. 埃克森美孚
2. 通用电气
3. 微软
4. 花旗集团
5. 俄罗斯天然气工业股份公司

杰弗里·科隆

@djgeoffe

2006年市值最高的五家企业中只有两家现在还在榜上。
#disruptivefm

2016年2月28日 21:13

历史数据表明，能源公司要想不掉队，有一系列新问题需要解决。同时，通信领域的技术公司开始取得明显优势。而在我写作本书的同时，更多的技术公司正在创建中。这些新公司在互联网新常态中是如何完成纵身一跃的？这种跨越来自于共同愿景下的团队思考，还是打破现状的放手一搏？

回到2015年的五大公司名单。如果这些公司在下一个十年的发展中不去冒险，那会怎样？它们还会出现在2026年的名单上吗？

从风险中学习

在营销的新世界中没有真正的失败，只有我们能学到的东西。在我们决定转变或跟进实时的信息、内容和体验之前，有太多数据提供给我们，远远超过以往任何时候。失败只会在某些人傲慢自大、一意孤行的时候才会出现。本来从数月前的测试阶段就可以得出的结论，现在用户体验数据也做出了同样的提示，但他们死不悔改。有一些思想流派鼓励风险，因为在商业世界里，新的趋势正在出现，而变革的节奏很快，未知比已知更多。我们能从营销的失败中学习，但前提是所有人都参与营销，而不仅仅是市场营销部门参与，正如下面会提到的这样。

杰弗里·科隆

@djgeoffe

在营销的新世界里没有失败，只有学习。
#disruptivefm

2016年3月7日 20:50

关于失败的神经科学理论

2009 年,《连线》杂志发表了一篇名为《接受失败:关于失败的神经科学理论》(Accept Defeat:The Neuroscience of Screwing Up)的文章,谈到了这个话题。作者乔纳·雷尔(Jonah Lehrer)讲述了两个实验室团队接到了同样的课题后发生的事情。一个团队里都是单一学科的专家,另一个团队的成员有着不同的背景和专业。你觉得哪个团队会更有效率地完成课题?

单一学科专家的团队们花了几个星期的时间完成这个课题,他们使用传统的方法测试了不同的手段。而多元化团队只花了 10 分钟时间开了个非正式的会议就解决了问题。

我们从中可以学到什么?其中一点就是,全部由"专家和业内人士"组成的团队也许会是营销最大的敌人。因为他们相信只有一种方法可以解决问题,而不习惯采用偏门的方法。当营销团队的背景涵盖了不同学科的交叉领域时,问题可以得到快速的解决,而且解决方法往往在其他商业领域也能得到应用。有些行业正在被颠覆的原因之一就是,它们不允许外人涉足圈内,因此新的思维方法也很难进入其中。

《连线》杂志的这篇文章抓住了我在本章想要讨论的核心。营销是关于沟通的——但不是和长相、穿着和想法都风格一致的人进行沟通。要想在这个营销新时代中获得成功,你需要像一个朋克摇滚歌手一样思考。你要邀请所有希望共襄盛举、有所作为的人参与进来。你不要像一个西装革履的 MBA 一样思考,而应该更接地气,你知道每个人都有办法能帮助到你的营销。

你要去寻找和你不一样的人,从他们的话中寻找灵感,即使有些话很怪异。其实,圈外人可以让我们从认知局限中跳出来。要在海量信息触手可及的未来世界中获得成功,你需要避免千篇一律的思维模式。你要把你自己想象成一个你想说服的潜在用户或者目标受众,像他一样思考。

当你把自己置身于公司之外,从同理心的角度看问题,思考你的产品、服务和传播该如何被其他人采纳,你的想法会改变。这也是为什么你需要每两年就从你的职业生活的沉浸状态中跳出来,这件事非常重要。你不能因为过得舒服就在一个岗位上停留太久。

> **案例**
> **音乐行业中的麦片 CEO**
>
> 在20世纪90年代中期,我在音乐产业工作,当时发生了一些变化。其中一件事是很多大型音乐公司赶走了原来的CEO,邀请行业外的人来做企业领导人。这种行动让很多人感到措手不及。他们问道:"一个负责麦片营销的经理能懂音乐产业的门道吗?"很多人认为这是很愚蠢的改变。
>
> 现在,如果我给你一辆自行车,每次你想左拐的时候它都会向右拐,那会怎样?你会骑它吗?达斯廷·威尔逊·桑德林(Dustin Wilson Sandlin)是YouTube"每天更聪明"频道的工程师和制作人,他曾经做过这个实验,想看看是不是可以重新训练他的大脑。桑德林练习了8个月,终于学会了"大脑反向骑车"。当他回来面对普通的自行车的时候,你猜猜发生了什么事?他需要重新学习骑自行车!
>
> 这个实验的启示是:我们的决策过程中埋藏着固有的偏见,要想摆脱这种偏见,你需要重新培训或者重新学习看待世界的方法。这其中大部分的工作要用到营销里所说的"设计思维"(design thinking)的方法来完成。

颠覆性营销中的设计思维

蒂姆·布朗(Tim Brown),《IDEO,设计改变一切》(*Change by Design*)的作者,他把"设计思维"描述为:使用设计师的技能,利用营销机会,满足人们的需要。设计思维的目标是提升未来的状态。根据这种观点，设计思维是建立在解决方案基础上的思维，是聚焦于解决方案而形成的思维：从目标（未来更好的情境）出发，而不是要头痛医头地解决特定问题。

这种方法与分析科学的方法不同，后者是先说明一个问题，定义所有相关的参数和指标，然后再考虑解决方法。而设计思维的流程更聚焦于想法的"形成"上，在头脑风暴环节只有很少的限制，有时甚至没有限制。这种思维上的自由减少了参与者对失败的恐惧，鼓励不同的参与者加入到创造想法的过程中。你可以把它想象成一群吃了兴奋剂的人进行头脑风暴的样子。

多用通才，少用专家

"跳出框框思考"，这是描述头脑风暴的同义语。这种实践活动对于发现隐藏要素、模糊之处和可能出现的错误假设都起到了帮助作用。

杰弗里·科隆
@djgeoffe

录用那些可以快速学习很多东西、喜欢进行营销试验的通才吧。
#disruptivefm

2016 年 2 月 21 日 19:08

所以，如果你是一个专家身份的团队领导人，不要再录用和你有类似背景的人。录用那些可以快速学习不同领域事物、喜欢进行营销试验的通才吧。这正是音乐产业在 1992 年发生的事情。那时，音乐产业正面临转型，从音乐大师们掌控行业的时代转向具有全球视野的新时期，一个"如果……会怎样？"的问题被提了出来。在20世纪70年代和80年代，一个音乐公司固守美国市场是完全可行的，只要边际成本足够低，很容易就能赚到钱。但到了90年代，随着北美自由贸易协议（NAFTA）以及其他贸易条约的签订（正如托马斯·弗里德曼在《世界是平的》一书中所说的），一个拥有广大听众和巨大机会的全球化市场突然出现了。

尽管在21世纪，如我们之前所说，一个专业人士从一个行业进入到另一个行业，这是一件很平常的事情，但在20年前，这种做法却让很多人不舒服。音乐产业里的保守派厌恶这种管理上的变动，但是很多圈外的人还是来了，随之而来的还有新的思维、新的流程，还有新的效率提升。

在任何一个行业里，人们都花费了大量时间学习特定的专业，希望能成为那个领域的专家。我们之所以这么做，通常是为获得专家的待遇。在音乐产业的全盛时期，作为一个经理人，签更多的歌手、卖更多的唱片，这是你一步一步上升的阶梯，让你从一个普通员工升为副总裁，最终成为执行副总裁。你甚至有可能成为总裁。

但是，成为专家也有不好的地方：我们会被固化下来。我们戴上"眼罩"，让自己变得鼠目寸光，无法超越眼前之事。从生物学的视角看，这是有原因的。我们发现人类参与到实施型思维（implementation thinking）中会相对容易一些，这种思维是一种组织想法、安排计划、有效开展各项工作的能力。

实施型思维是战术性的，也是传统营销人所依仗的。企业家兼慈善家纳文·杰恩（Naveen Jain），世界创新研究院（World Innovation Institute）的创始人，并不接受这种专家理论：

> 我相信，能带着创意性的解决方案来解决世界上最大的问题的人……不会是某个领域里的专家。真正的颠覆者不是那些在某个行业浸淫多年，有10000小时经验的人，相反，会是那些目光如炬地迎接挑战的人，他们会把多种多样的体验、知识和机会融合在一起。

问自己：什么是可能的？

如果你希望自己成为一个个性突出、情感丰富、敢于挑战、富有影响力的人——就像早年那些在涅槃乐队之前出道的勇于创新的硬核朋克乐队——你需要不断地突破自己。在你的行业中采取一种中庸之道，并不利于你获得好的想法。这是因为你的假设和固有的偏见会不断地干扰你思考，导致你只会权衡利弊，而不做任何概念性的、创新性的、直觉性的思考——只有这样的思考会让你领先。

杰弗里·科隆
@djgeoffe

专家对你营销的帮助，不如非传统行业的外部人才所提供的帮助大。
#disruptivefm

2016 年 2 月 21 日 19:16

下一章我将说明"工匠"思维会帮助我们形成最佳的营销想法和活动，但在我们进入到下一个章节之前，问你自己这个问题："什么在我的行业里本来是可能发生的？"不是什么是可能的，或者什么将会是可能的，而是本来能够可能的。然后再问："如果它真的成为现实，我应该如何营销这种未来状态？"

下面是一个例子：智能手机和它的搜索能力，你可以应用到你的行业里。先看一下 5 种真实的情况：

1. 我可以在任何地方进行搜索，不管是不是有 Wi-Fi 提供网络连接。
2. 我可以使用手机浏览器，例如 Safari，来进行关键词搜索。
3. 我可以使用应用软件，例如推特、YouTube、Instagram 或者领英来进行深度垂直搜索，而不是在特定的相关领域进行关键词搜索。

4. 我可以使用 Siri、Cortana① 或者 Google Now② 等软件，通过语音方式搜索答案。

5. 我可以使用 NFC③ 应用，例如 Shazam④，通过收听我身边的音乐，为我的问题寻找答案。

我们中很多人一般只会使用清单上前两项功能，但也有人会全都使用。如果我们想革新基于技术和用户行为习惯的移动营销，而又被现有的行业之星蒙蔽了双眼，我们还会有可能探索新的机会吗？这会比我们想象的难得多，因为我们的双眼被我们已知的事物所阻挡，熟知的事物会让我们预先做了判断，就像那些经典唱片业的大师们对于创新机会的无视一样。

记住这一点，让我们再整理一份清单，重新看看在这个行业中能够成为可能的机会：

- 我可以用手表或者眼镜搜索，或者在不远的未来，任何可触屏的"智能"玻璃表面，让我的智能手机可伸展到世界的其他部分当中。
- 我可以基于我的行为习惯进行搜索，这种历史信息可以从我的可穿戴设备上获得，因此，我不需要在搜索框中输入关键词。我的智能手机会给我发一份备忘录。
- 我可以根据我的心情进行搜索，我的智能手机上有了解我心情的软件，它变成了一个情绪探测器。
- 我可以根据我所在的位置或者能知道我的位置的 beacon 技术进行搜索，根据我的搜索和社交信号知道我的喜好，向我发送我可能感兴趣的信息。现在我的智能手机变成了一个探测器。

---

① Cortana 又称"微软小娜"，是微软发布的个人智能助理软件，可了解用户喜好和习惯，回答问题，并帮助安排日程等。——译者注

② Google Now 是谷歌 2014 年发布的应用软件，可以了解用户喜好和习惯，提供信息服务。——译者注

③ NFC，近距离无线通讯技术，越来越多地被应用在身份识别、支付、物流等领域中。——译者注

④ Shazam 是一种音乐识别软件，可以帮助用户快速识别周围媒体播放的音乐。——译者注

- 我可以根据我的身体状况和我正在吃的食物进行搜索。我的智能手机变成了一个健康和理疗中心。

现在营销人面对的最大问题是，我们已经被训练得太像营销人了。你走向新方向的第一步是要邀请圈外人来帮助你发展想法——那些没有像你一样被某些假设束缚的人。在这里提醒你，这不是小组访谈，这不是与客户之间问答式的对话，这是与多元化背景的人进行头脑风暴的过程。

迈克·司崔特（Mike Street），我在营销界的一位好朋友，他是 SmartBrown Voices.com 的播客制作人。他提出了以下观点，这些观点可以帮助我们重塑营销世界：

> 我之所以开始我的播客业务，SmartBrown Voices.com，是为了直接回击现实，即当前缺乏面向有色人种讨论营销、公关和数字化增长的媒体。我看过增长黑客网站里 153 个访谈，里面没有一个棕色人种。我们在这个领域工作，具有很多成功经验，但是没有人愿意和我们交流。尽管有色人种在社交平台上比例很高，但每个人咨询的社交"专家"却只有一种肤色。所有，假如你的声音没人听见，你基本上是一个隐形的人。社会化媒体让每个人都能被听到，也能找到那些愿意倾听你的人。

到处都有声音，人们都在发出自己的观点。去倾听他们的声音吧。

现在，我们重新想象 21 世纪营销人的角色，我们来了解一下，一些边缘行为是如何最终成为浪潮的。对这个问题的分析，最佳的起步是有关 DJ 的话题，因为他们发现操作两张唱机的唱盘可以造成非常不同的效果，而其中的技巧揭示了一些可以帮到你营销的原理。

第 6 章
天才匠人和"临时"的营销人

> 变化无法避免,当变化发生的时候,
> 最聪明的反应不是哭天抹泪,而是迎头面对。
> ——丹尼尔·平克(Daniel Pink),《全新思维》

从 19 世纪晚期到 20 世纪早期,最流行的音乐都是大型乐队和管弦乐团演出的作品。在 20 世纪 50 年代,事情发生了变化。现在,四五个人就可以聚在一起组成一个摇滚乐队。在 20 世纪 70 年代后期,DIY 的朋克信条更让人吃惊,任何人都可以拿起一把吉他组建一个乐队。

杰弗里·科隆
@djgeoffe

以前需要 20 个人的乐队才能完成的演出,现在靠一个 DJ 就可以完成。营销也是如此。
#disruptivefm

2016 年 2 月 29 日 2:47

当一些年轻的、充满革命精神的艺术家拿起吉他,另一些人拿起了电子音乐合音器,把舞台上的四人乐队削减到两人——通常是一个主唱,一个键盘手。通过采样和测序技术,他们可以自己创造出一个乐队所有的声音。但是,如果你觉得音乐表演的形式将会停留在两人乐队上,你就错了。现在,舞台上的DJ可以一人演奏预录好的音乐。

正如DJ的艺术改变了流行音乐一样,颠覆性营销人将会永远改变营销的运作方式。当我们引入分析、设计和哲学来替代MBA、品牌营销人和传统商业研究时,这种改变就会发生。你看,最好的变化都没有轰轰烈烈的开始。当伟大的头脑开始运用工匠精神寻找应对当前挑战的解决方案时,这种变化就开始了。

如果让我挑选一个在工匠精神上相比其他人更厉害的DJ,我会回到当年WEAF电台所在的那个小镇,DJ这种艺术形式最终在此地诞生。那个小镇叫布隆克斯,那个DJ就是闪手大师[①]。

闪手大师出生于1958年,原名约瑟夫·萨德勒。他被认为是现代社会嘻哈音乐DJ的先锋人士。而且,萨德勒还是终极的"工匠"。他学习了很多其他DJ的技术,开始试验他看到过的一些技巧,最终形成了全新的创意。

萨德勒最重要的创造是什么?回搓技术。DJ在一个唱机转盘上按每分钟固定数目的节拍(BPM)来播放一张唱片,然后快速向反方向旋转这张唱片,以创造一种旋风般的声音效果,然后使用混音键盘在这两种声音素材间切换,撞回到第二个唱机转盘中新的声轨上的节拍。

当萨德勒把这种技巧与另一种被称为刮碟(Scratching,起源于大巫师西奥多[②])的技术结合在一起,他的DJ演奏组合在表演上呈现出原先的DJ世界里不存在的新特性。他使DJ成为表演者,而不是一个由人扮演的自动音乐播放机。

[①] 闪手大师(Grandmaster Flash),原名叫约瑟夫·萨德勒(Joseph Saddler),1958年出生于巴巴多斯,后移民美国。他被称为HIP-HOP(嘻哈)史上最伟大的革新者,将原本只是聚会音乐的嘻哈带到了新的高度。——译者注
[②] 大巫师西奥多(Grand Wizzard Theordore),美国歌手,制作人,曾经担任萨德勒的助手,并向他学习DJ技巧。他在1977年发明了刮碟技巧,即将唱片放于唱盘上来回作出节奏旋转,借以摩擦唱针,发出不同于正常声音的效果。——译者注

不仅仅是播放一张唱片，插入一张唱片，然后再播放另外一张唱片，更重要的是，闪手大师在他之前的各种演奏想法的基础上组合出一整套新的创意。实际上，他欣然接受了工匠精神，并把它提升到了一个全新的高度上。

把工匠精神当作战略

萨德勒工匠式的创新精神可以应用到营销上。我们假设一下，你的公司在讨论，到底是应该做搜索引擎广告活动还是一场社交媒体活动。如果这个讨论最终的结论是一个"要么……要么……"的选择，那么，你们还没有足够的工匠精神。工匠式的思维会同时使用两种解决方法。它们能相互补充，而不是相互冲突。社交媒体广告可以帮助品牌获得知名度，而搜索引擎广告可以抓住那些已经知道品牌、正在产生购买意向的客户。要是你的营销已经只剩下量化指标，组织结构还僵化死板，又没有办法吸引外来的想法，你就不能算是工匠。

当然，追踪你的投入和产出是非常重要的。你必须知道你投入营销预算的最佳切入点在哪里。但是，至少应该准备10%的营销预算，用于投资回报率为零的项目。这种尝试可以让你判断未来的趋势，所以在最终你还是获得了回报。现在做小规模测试还是容易得多（即使你无法追踪每一项开支），比你将来去追赶别人要容易。

亚力克·福奇（Alec Foege），《工匠精神》(*The Tinkerers：The Amateurs, DIYers, and Inventors Who Make America Great*) 一书的作者，在2012年发表的一篇文章中，完美诠释了营销世界中的工匠精神：

> 在最基本的层面上，工匠精神制造的那些全新的东西，与已经出现在我们生活里的东西不一样。其次，工匠精神的产生在最初的时候并没有什么目的，或者至少工匠精神的目的与原来那些信条大相径庭。工匠精神也会从某种热情或痴迷的状态中产生。最后，工匠精神是一种颠覆性行动，工匠主义者会掉转历史的方向，开始一段新的历程，最终获得创新、发明和光彩夺目的成果。

那么，我再一次提出这个问题：在你制订营销计划的过程里，你最后一次运用工匠精神是什么时候？

> **案例**
> **没钱？创造性地解决问题**

我的工匠精神故事开始于1991年，当时我大学的室友开车带我到90英里之外，找到一家位于曼哈顿中区的俱乐部。当我们到达时，我发现当晚不会是一个普通的夜晚。这家俱乐部是一座旧的教堂，装备了Roboscam智能灯光系统和一套重低音音响系统。这个场面有一点像马戏团，有一点像音乐会，有一点像科幻电影，有一点像实验室，现在全凑到一起了。

进入教堂，我们发现音乐声音很大，随着不断重复的节拍跳动。在1991年，音乐的编曲是DJ用两台唱机完成混音并加入节拍的。当我看着DJ花了将近4个小时进行唱片的混音，我开始想一个问题：如果把两种不同形式的声音混合在一起，并创造出一种全新的声音，那会是什么样子？这就是闪手大师带给DJ世界的东西。他把曾经程式化的东西融合到一种新的艺术形式中。因为我之前做朋克的时候已经接纳了DIY的精神，我问我自己："如果我自己来干这个，那会怎么样？"

我向我的室友询问了更多问题，都是关于这个DJ正在编曲的音乐类型。"这叫浩室音乐①！"他站在大厅地板上，在激烈的音乐律动中大声喊着。我决定就在此时此地找出这种室内音乐的创作来源。我后来发现，浩室音乐是一个来自芝加哥的非洲裔美国人发明的，在大城市里很常见。当有些活动无法使用传统广告吸引听众时，DJ们就会推出这样的音乐。与

---

① 浩室音乐（house music）是一种电子音乐，最早的浩室音乐起源于美国20世纪80年代初期到中期，由DISCO发展而来的跳舞音乐。浩室为house的音译。——译者注

其他形式的音乐不同，那些音乐以艺术家为主要推广动力，而这些DJ们是这种场合里的新宠，有很多人会进行国际巡回演出。

演奏这种音乐最重要的设备是盒式混录磁带，这种磁带可以不断复制和再复制，然后分享给其他感兴趣的人。（听上去非常像社交媒体平台，是吧？）

当我回到利哈伊大学，我发现有人在出售两台高档的Technics[①]品牌的1200-MK2唱机，每台300美元。因为600元超出了我的价格承受能力，我同意用我的设计服务来进行抵偿。我还在Radio Shack[②]花了35美元买了一个便宜的混音器，把它调试到可以正常工作。作为一个黑胶唱片的狂热爱好者，我有很多音乐可以混音。问题是我应该如何混音才能创造出一些新东西来。

那时还没有YouTube，所以第二年我花了很多时间去每一个我能进得去的俱乐部，观摩DJ们的演出。我把看到的东西变成自己的学习成果，努力再现出来，再加上一点我自己的打碟技巧。随着不断的重复练习，我开始渐入佳境。最后，我决定合成我第一盘混录磁带[③]。在我做这些事情的整个过程里，我没有想过投入和产出的问题。我想的只是快速地成长、获得影响力。

第一盘混录磁带很特别。它包含了不同的音乐类型和音乐风格。它还有一个与众不同的地方是，在音乐类型上我使用了很多嘻哈DJ技巧，而不是浩室音乐的技巧——例如摇滚、电声和朋克，这些元素一般很难在电唱机上截取和混音。我的目的是要把这盘混录磁带送给那些希望听到它的

[①] Technics，日本松下音频产品的专业注册商标，主要在供应欧美市场的专业音频产品上使用。——译者注

[②] Radio Shack，曾经是美国最大的消费类电子零售连锁企业之一，2015年申请破产。——译者注

[③] 混录磁带（mixtype）是说唱歌手一种"练嘴"或宣传的方式，即把别人版权的音乐加上自己的歌词或演出，重新自行编制成卡带或CD，用于非商业目的。这个词没有公认的中文译名，本书采用"混录磁带"的说法。——译者注

人，而更高的目标是把它的音频版发布在网上，这样早期的乐迷可以找到它们，并把我引荐到收费的现场演出。

之后有一天，我在宾州阿伦敦的一家本地报纸投放了一次分类广告，内容是我有套阁楼公寓，可以作为举办私人聚会的场地。与其沿着俱乐部的层级往上爬，我决定还不如像增长黑客那样发展，运用我的图形设计技能来设计一张宣传单，再用我的DJ技能来主持一场大聚会。

这里面也有风险。谁会来参加？我可能会损失掉我最初的投资，包括1000美元的租金和80%的门店净收益。于是，我回去找房主，跟他谈了一笔交易：我计划向每个参加聚会的人收5美元，如果他愿意给我2美元的提成，我就和他签租约。我的逻辑是这样：如果有500人来，我就能有1000美元的收入来支付房租。他同意了这笔交易。

我复制了大约100盘混录磁带，在上面写上了我的电话号码。我准备每盘磁带售价5美元，这样可以赚些钱。如果我能获得好的口碑，就可以提升我的品牌知名度，从而增加未来的演出票房。

杰弗里·科隆
@djgeoffe

颠覆性营销人没有资源也要工作。缺乏资源实际上会帮助他们提升创造性地解决问题的能力。
#disruptivefm

2016年3月3日 2:35

这个故事就讲到这里。我不需要解释最后的结果，也不需要说明后来 5 年发生的事情。我想说的是，当我开始像工匠那样工作的时候，我心里并没有收入的目标。我只是想收支平衡即可，但更重要的是，我希望创造一种口碑。金钱与增长性相比，并非那么重要——重要的是我的知名度的增长和我的商业演出活动的增加。

普通的营销人沉浸在分析数据、推导因果、计算收益的世界里，不认为这些事情有多重要，但是对于任何一个创业企业来说，这都是必须考虑的事情。即使对于大企业来说，因为老字号对于新客户几乎没有什么吸引力，他们也在承受失去市场宠爱的风险，因此也需要考虑这些问题。

工匠精神与间接影响力的价值

还有一个有价值的地方我没有说到。在 1992 年，没有办法预测有多少人会来参加你的音乐会，你能做的唯一的事情就是祈祷。但是，祈祷并不是一种策略。在《90210/新飞越比弗利》中有一集，一个片中角色打了一个 800 免费电话来参加一个秘密的聚会。（我在之前提到，M. 奈特·沙马兰在他写作《第六感》的时候，从尼克公司的电视节目中得到了灵感。对于营销来说也是如此，你永远不要把自己与别的事情隔绝开来，因为你不知道哪件事情会激发你的下一个创意想法，帮你找到一个衡量效果的方法。）

现在 800 电话业务为活动提供了更多的具体支持。但这些号码还能给你带来一些其他的东西：打入电话的人群总数和挂机人数。我和一个名叫杰夫·博伊尔的好朋友创造了一种粗略的算法。我们注意到，我们每接到 7 个电话，就会有一个人来到活动现场。所以，如果我们接到了 700 个电话，我们就要接待大约 100 人。这不是很精确的计算，但很接近现实情况。这里要说的是，正是工匠精神让我们以一种被别人忽视的方式使用数据，而我们因此发现了新的机会。在这个案例中，我们就可以跟踪营销效果。

在 2010 年前的几年里，其他 DJ 也从同样的工匠精神学到了很多东西，加上新的技术，创造出一次席卷世界的浪潮。他们建立起新的景观，这种景观已经成为能量巨大、充满活力的青年文化。电子舞曲音乐现在已经成为主流的时尚文化，在世界上广为传播。而这都建立在现代 DJ 艺术上，都源自工匠精神的创造。

杰弗里·科隆
@djgeoffe

群众运动往往是从某个小圈子开始形成的。对于边缘性的现象要始终保持关注，这样才能预见未来。
#disruptivefm

2016 年 2 月 21 日 19:23

工匠精神在创建、推广一些独特的互联网商业项目中起到了支持性的作用。一个例子就是"社交平台＋博客＋创意"的汤博乐①。

案例
创建汤博乐的匠人

2007 年，我夫人向我介绍了汤博乐。艾莉森曾经希望开一个博客，但是她发现，当她想做一些视觉呈现的时候，汤博乐更适合她。汤博乐

---

① 汤博乐（Tumblr），由戴维·卡普（David Karp）创建于 2007 年，是目前全球最大的轻博客网站，也是轻博客网站的始祖。轻博客是一种介于传统博客和微博之间的全新媒体形态，既注重表达，又注重社交，而且注重个性化设置，在年轻人中受到广泛欢迎。——译者注

的设计和功能很快激起了我的好奇心。现在，艾莉森和我有 3 个汤博乐账号。我们最初的账号 allisonandgeoffrey.tumblr.com 是在这个网站上最早创建的 10000 个博客之一。到 2015 年，汤博乐上面有 2.433 亿个博客。

汤博乐在 2007 年发布的时候，它的创始人是一个高中辍学的纽约本地人，名字叫戴维·卡普。2012 年，我在奥美两次接待了卡普，讨论营销人是如何使用汤博乐的。我们之所以会有这样的讨论，是因为与其他平台相比，汤博乐有非常独特的地方。我在微软工作的第二天，汤博乐就卖给了雅虎，价格是 11 亿美元，全部是现金交易。

卡普热爱他的发明，而且很热衷于讨论他是怎样以工匠精神打造新功能的。他在奥美讨论的时候，解释了工匠精神怎样赋予汤博乐新的特色，而汤博乐的用户怎样体现出工匠精神，带给他很多创意点子，有些想法他以前从没有想过可以用来提升他的产品。"这真是我能想象到的最有成就感的工作。"他用很平静的语调说道：

> 我不知道该如何说起，用一整天的时间编程，去实现一个功能特色，这真是一种奇妙的感觉。从专业上来说我是一个工程师，所以我曾参与这个产品模块的研发，它是汤博乐的一个组成部分。这真的让人感到很刺激，你可以整天做一件事情，你预感到它用起来会很酷。而你一直在真正思考的都是你可以……使用这项功能……的方式，你展示图片的方式，你发布特定帖子的方式，或者你可以自定义主题，让它们按照你想要的方式来呈现。你可以深入思考你想尝试的所有方式。你可以想象一下你的偶像、你渴望成为的那个人、你崇拜的创造者，想象他们会怎么用这个功能。你可以拥有所有这些想象。你可以花一整天时间实现一个功能。然后你把它推向世界，回到家。第二天上班，你惊奇地发现几百万人在向你展示，他们是怎么使用你刚刚实现的这个功能的。这种回馈真是难以想象的、充满成就

> 感的，是它激励我每天早早就从床上爬起来勤奋工作。这是世界上最棒的工作。
>
> 卡普知道，使用他的工具的创意人，与那些像工匠一样发掘新的、独特的使用方法的人是同一类人，他们会影响到他下一步要创建的东西。汤博乐不需要很多营销人。它与用户之间形成的反馈环路给公司提供了足够多的信息来发展新产品。
>
> 社交网络改变了我们进行互动和连接内容的方式，也改变了内容反映我们世界观的方式，改变了我们的学习方式。卡普用一种以前他根本想象不到的方式，与使用他工具的客户连接起来。卡普并不去试图控制使用情境，迫使用户按照他的意图使用他的工具；相反，卡普推动用户把体验分享给其他客户。通过某些系统设定的做法，他把营销建立在实际的用户行为中。这与我们营销人以往掌握的相关知识是冲突的。我们不禁反思："线性的营销体验真的是用户学习并最终采用产品和创意的最佳方式吗？"

教育在线性思维上的影响

直到 12 岁前，我们在学校得到的奖励就是考试通过可以升更高年级，只要我们在单选题考试中回忆起题目相关的信息。现在有很多学生和家长非常反对这种考试，因为它并不能评估大脑的真实能力，也无法预测未来的成功。

苏珊·恩格尔（Susan Engel）是美国威廉姆斯学院的心理学教授。她撰文说明了儿童好奇心的作用，以及在孩子们长大成人后，这种好奇心对于他们从事类似营销这样的工作会有什么影响：

> 我的实验室报告表明，学校对于好奇心的态度根本谈不上是培育，反而可以说是压制。对信息传递施加压力、打磨技能、严格遵循计划，以及

回避未知，这些规则是与孩子的天然好奇心矛盾的。其实可以不必如此。教室原本可以成为好奇心的温室。提问原本应该得到鼓励和引导，所有的课程原本应该以探索性为中心，而不是把它扔到一边，孩子们的特殊兴趣原本应该得到培育。我们已经知道好奇心对于学习、对于人类进步是多么的重要，为什么我们不去开发它呢？

当我们长到十几岁时，我们开始越来越在意别人是怎么看我们的。我们寻求"社会认证"（social proof），也叫作"信息性社会影响"（informational social influence），这是一种心理学上的现象，指的是我们会采用别人的做法来行动，为了在特定的环境里举止恰当。这会让我们的行为发生摇摆，因为我们渴望获得周围的人对我们的"喜爱"，因为这是对我们的想法的肯定。这个阶段的负面性就在于它让我们画地为牢，对接受新想法、把想法展示给别人的过程都采取非常谨慎的态度。

到我们都开始走上工作岗位的时候，社会认证的概念已经变得如此根深蒂固，我们已经不愿意冒险去唱反调，去打破各种界限了。与探索新的颠覆性的想法相反，我们会自寻烦恼，不断问自己两个问题：

- 人们会因为这个想法、这条信息、这次经历笑话我吗？
- 人们会因为这个想法、这条信息、这次经历对我发火，或者反对我吗？

非线性思考对于颠覆性营销的影响

颠覆性营销人希望人们看到他们发布的信息以后，要么哈哈大笑，要么强烈反对。这种手段得到相关研究结果的支持，研究表明，人们愿意分享那些让他们大笑的事情或者让他们愤怒的事情。

一般来说，企业不喜欢有争议的人和有争议的观点，但是，当聘用颠覆性营销人之后，它们会有所调整；这些营销人会鼓励企业发布两种类型的信息——幽默性的或者是争议性的——这会让企业获得最大的客户反馈。

杰弗里·科隆
@djgeoffe

数据驱动的营销人不如既有数据又有创意能力的营销人。
#disruptivefm

2016年2月29日 14:48

很多营销组织的招聘是按照相反的方向进行的：他们只招有分析思维的人才。在一份 CMO.com① 的研究中，弗吉尼亚大学教授金伯利·惠特勒（Kimberly Whitler）深入分析了那些首席市场官，他们要么有分析能力，要么有创意能力，要么两者兼备。惠特勒发现：

> 拥有分析和创意两种技能的首席市场官更有可能在有较强营销能力的企业工作。双脑平衡的首席市场官——也就是既有左脑思维也有右脑思维能力的人——相比独具分析技能或独具创意技能的首席市场官，更有可能是在营销能力更强的企业工作。这证明了分析能力的重要性，也证明了运用洞察来改变客户想法与行为这一能力的重要性。

该项研究还得出结论说：

> 如果首席市场官的主要背景是信息分析，他们有较大可能性是在一个营销表现较差的公司里工作。这可能会让很多首席市场官和首席执行官感到惊讶，但这表明，仅有分析能力是不够的。把深刻的洞察转化为能够影

---

① CMO.com 是 Adobe Digital Insight 旗下一家面向数字化营销信息发布和交流的专业网站。——译者注

响客户的战略、计划和行动,这是和分析数据同等重要的必备技能。这对于首席市场官、首席执行官还有高管招聘人员来说,是一个警示性的故事,不能过于偏重分析技能而忽视了创意技能。

很多人觉得,即使产品中没有融入情感和艺术性气质,也可以完成开发,得到广泛的应用。而我们知道,这种产品是永远不会被大众普遍认可的。CMO.com的这份研究确认了这一点。想象一下,假如苹果手机是一个方形的、粗笨的金属盒子,上面带着黑莓手机式样的键盘,它可能魅力尽失。如果贝宝(PayPal)的网站上只有文字,而没有图片,那会怎样?如果特斯拉汽车长得像一个大铁箱,那会怎样?难道仅仅因为它是电动车你就会买账?如果另有一个创意性和设计性更强的产品出现,让你觉得它更人性化、更有价值,你会不会改用它呢?

颠覆性营销人是左右脑合一、具有360度视角和整体思维的人,拥有多维度的可能性。我们有能力在进行艺术创意的同时分析数据,在学习算法的同时写出优美的故事,面对一堆杂乱无章的数据能够在制定出行动方案的同时达到视觉上的美观效果。

这是你应有的态度。一个简单的问题:你如何融合那些以往在不同领域单独发展出来的思维?你怎样才能在融会贯通之后推陈出新,就像90年代早期曼哈顿中区俱乐部的DJ那样,把两张唱片里的音乐混合在一起?

杰弗里·科隆

@djgeoffe

你如何创造一种体验,让每个人都能成为你的营销人?这是你需要回答的问题。
#disruptivefm

2016年2月21日 19:26

颠覆性营销确实是工匠精神、心理学、社会学、人类学、神经科学、艺术、设计、数学、横向思维、预测分析、API（应用程序接口）以及量化工具等所有这一切的混合。如果一个营销人是全职的分析师或者全职的创意人，都是不够的——他还得是一个懂搜索引擎营销的人，一个平面设计师，一个摄影师，一个程序员。一个营销人应该兼具所有这些身份，还要不止于此。把世界看成很多独立的部分，这是一种线性的、理性的、传统的营销方式和生活方式。

那么，我们如何与传统决裂呢？一种方式是迎面挑战传统，创造并培育一种环境，让每个人在这个环境中都可以成长为营销人。

市场部的末日

戴维·帕卡德（David Packard），惠普公司的联合创始人，曾说："营销是一件太重要的事情了，不能交给市场部来完成。"他是对的。你当过临时工吗？更进一步说，如果你明年成为一个临时工，会发生什么？你会做些什么？你希望你的专业领域是什么？你需要学习什么技能？

如果你是在一家广告公司工作，你永远都是一个临时工。只要你能维护好你的客户关系，你就能保住你的工作。想一想这件事，难道我们不都是临时工吗？我们都需要在不确定的经济环境中销售产品、提供服务。

多年以来，营销人通常都在企业里拥有全职工作，因此只要他们不犯错误，他们可以活得非常舒服。即使是在关于增长黑客的书里，提到黑客们也都是在创业企业里单打独斗的全职营销人。很多撰写此类专著的营销专家通常都会假设，所有的读者都是终身雇用的员工。

但本书不是这样。实际上我相信，在很多企业里，如果很多人过于接近产品和项目，可能会损害到营销，因为很多终身雇用的营销人很难避免他们固有的偏见，他们离产品太近了。

杰弗里·科隆
@djgeoffe

在不远的将来，企业里不会再有那些因为离产品太近而充满了偏见的员工，这会成为新的常态。
#disruptivefm

2016 年 2 月 29 日 2:39

　　在广告代理公司里，大多数员工的处境都像临时工一样。这种不安定的方式，可以激发员工力争上游，形成不拘一格的创意。这在以创造力和想象力为基础的经济环境里非常重要。

　　的确，很多充满活力的经济体，例如美国，要依靠终身员工才能实现，这些员工享受宽松的福利政策，包括医保和退休计划。想要充分发挥颠覆性营销的作用，让通才们保持"临时雇用"的状态是最有效的，但我们现行的僵化体制很难支持这一点。不管怎么说，临时聘用通才的模式会在颠覆性营销组织中发挥最大的作用。

　　和有些人想象的不一样，企业雇用临时工和非正式员工并不是什么新的模式，很多大型企业在 2008 年经济危机后为了降低成本采用了这种做法。而使用独立承包人的做法更加久远，可以追溯到几百年前。实际上，曾经有一段时间，所有的工人本质上都是临时工。他们去找雇主，完成某项工作，根据项目的大小，按照小时、星期，甚至是年度来收费。这种情况在工业革命后发生了变化，制造业需要有特殊技能的工人，开始增加全职雇员数量，直到企业里全部都是全职职工。

　　流水线是增加终身雇员的主要动力。企业是建立在经济学供需理论上经营的，其中也包括劳动力资源。美国在第二次世界大战后崛起时，劳动力相对过剩，而对于消费品有很大的需求，这时出现了向公司模式发展的趋势，在这种模式里，有知识技能的员工是更有价值的。一直到近些年，随着经济的转型和外包的增加，相应地降低了具备专业知识的终身雇员的等级。现在想要得到优秀创意的企业需要从企业外部引入外协人员。

不是所有的企业都需要颠覆性营销人，但是一个企业当它需要颠覆性营销的时候，现有的老式市场部里只有故步自封、不愿意执行新想法的专家，这个企业就很难达到目标。对这些企业来说，灵活使用临时的营销顾问是一个好的选择。

临时性营销人的优势

临时雇用的专业营销人与终身雇用的营销主管不同，前者更容易把"营销并不是一个单独的部门"的理念引入到企业中。我第一次读到这种哲学是在2010年的一本书《重来：更为简单有效的商业思维》中，作者是贾森·弗里德（Jason Fried）和戴维·海涅迈尔·汉森（David Heinemier Hansson）。你如果还没有读过这本书，今天就去买、去借，一定要读一读。它会告诉你21世纪的工作——特别是颠覆性营销——会是什么样的，能给人带来什么感觉。

其中有一些给颠覆性营销人的建议：

- 每个人现在都是"营销人"。随着沟通平台的出现，营销再也不是一个团队的事情了。实际上，顶级公司都认识到，他们的客户现在完全在主导着营销。员工的工作只是把握客户的动向，设计与客户对接的方式，防止口碑的流失，建立反馈的环路。
- 营销是365天、每天24小时的行为。当然，你不会像机器人一样总是醒着。"软件即服务"[①]和"洞察即服务"（Iaas, Insight as a Service 的缩写）是

[①] 软件即服务（Software as a Service，简称 SaaS），21世纪兴起的一种创新型的软件应用模式。用户不再单独购买软件，而是通过互联网向软件厂商订购所需的应用软件服务。这是云计算环境下的新的服务模式，由此产生了很多其他例如"分析即服务""网络即服务"的服务产品。作者随后提出的"洞察即服务"也是如此。——译者注

颠覆性营销人的工作伙伴。运用这些工具，再也不需要雇一大堆专家了。

- 每当有人使用你的产品，这都是一次营销。技术界经常忘掉这样一个原则，他们总是说："哦，我们下周可以搞定它。"如果这样，成千上万的客户会离你而去。如果你不能创造出一个好的产品并且维护好它，那从一开始就连做都不要做。

- 无论多少营销都拯救不了差的产品。正如我在音乐产业中学到的一句话："你没法给大粪涂脂抹粉"。

- 对消费者进行品牌认知的调查和投票，只会得到华而不实的数据。只有当用户用了你的产品，把它分享给社交媒体上的朋友，才证明你的产品足够优秀。再多的品牌营销在这里也起不到帮助作用。品牌营销是一种线性的实践，只有在沟通是单向的、你的品牌主张是稀缺的情况下，这种营销才有意义。而现在，产品和服务都是极其丰富的，自然不能再用这种线性的做法。

5种改变市场部的趋势

在过去5年里出现了5种大的发展趋势，对我们如何看待营销部门产生了很大的影响：

1. 数据量激增。没有调研预算没关系。数据到处都是，只要你知道怎么找到它们。在必应、谷歌、雅虎、推特、Facebook上搜索一下，还有一大堆其他的渠道，可以给你带来大量的全球动态和热点话题。如果你挖掘得更深一些，加上预算支持，你可以使用很多工具来把各种指标归纳到一起，建立一个市场预测模型。我也使用这样一些工具，从Cision[①]到Traackr[②]，还有其他平台，包括：

[①] Cision是全球领先的媒体情报公司，为公共关系传播者提供全方位的工作流服务，总部在美国芝加哥。——译者注

[②] Traackr，一家提供影响力关系管理（influence relationship management）服务的营销专业网站，帮助营销界人士在圈中扩展自己的影响力，创建于2009年，总部在美国加州旧金山。——译者注

Spredfast①、Sprinklr、Hootsuite②、Sprout③、Little Bird④。这些工具10年前一个都没有。我们看到数据成本一直在大幅下降,而数据的获取途径一直在不断增加。

2. 在API的整合下,移动平台的入口增加。Facebook、推特、汤博乐、领英、Pinterest、Snapchat、Instagram,以及其他平台,它们向数十亿用户提供了前所未有的入口:这些平台不仅能帮助你获取新用户,而且能帮助你激活他们、留住他们、培养他们。企业为实现有效增长,把这些平台整合到自己的经营中来。这些平台的数量不断增加,企业整合它们的方式也在不断增加。

3. 规模更大、速度更快的技术。现在,企业可以通过各种交互设备接触到数十亿的客户。这种情况导致人们对公司成长和产品提升的期望值也在增加。但是,传统的营销策略都太慢。在你学习广告和品牌之前,先学习一下如何有效利用API吧。如果你的企业里有人询问一个API的投资回报率,告诉他们,决定API投资回报率的因素,人们还没有研究清楚(就像社交媒体、数字渠道和其他渠道的投资回报率也没人研究清楚一样)。

评估一个API的投资回报率并不是一种简单的计算:它要求你考虑所有的因素,包括API的价格,在很多场合里可能是免费的,还包括API对你的商业战略可能产生的影响。API能否得到有效利用,这取决于多种原因,包括与其他公司建立伙伴关系的能力,获得客户数据的能力,进入新的市场的能力,减少新的销售人员培训时间的能力,和合作伙伴高效协作的能力,以及建立一个新的商业模式的能力。评估API的投资回报率,不是一个用公式就可以套用到所有情况的计算过程。

---

① Spredfast,美国社交媒体管理服务商,总部位于美国德克萨斯州奥斯汀市,成立于2008年。——译者注
② Hootsuite,加拿大社交媒体管理平台,总部在温哥华,成立于2008年。——译者注
③ Sprout,美国社交媒体管理服务商,总部位于美国伊利诺伊州芝加哥市,成立于2010年。——译者注
④ Little Bird,一家提供影响力关系管理的网站,总部位于美国俄勒冈州波特兰市,成立于2011年。——译者注

杰弗里·科隆
@djgeoffe

一堂学习有效利用 API 的课程比一堂学习广告和品牌的课程更有价值。
#disruptivefm

2016 年 2 月 21 日 19:27

4. 技术与营销的融合。类似于 Optimizely①、Hubspot②、Kissmetrics③ 和 Marketo④ 的工具让以前很困难的事情变得很容易。以前的营销测试需要几周的时间,现在有效使用网页分析,只需要几个小时就能完成。但是,想要充分运用这些工具,你仍然需要比较扎实的技术知识。这就是我们说颠覆性营销人兼具 IT 人、艺术家和预言家三重身份的原因。

5. 情商作为必备的技能变得日渐重要。尽管"情商"一词出现的时间并不长,但它确实有着极大的影响力。约翰·梅尔(John Mayer),来自美国新罕布什尔大学,彼得·沙洛维(Peter Salovey),来自耶鲁大学,由他们创造的"情商"这一概念是指:"能准确把握自己和他人的情绪的能力,理解情绪释放出的指向人际关系的信号的能力,能管理自己和他人的情绪的能力。"

---

① Optimizely,美国提供在线营销测试的网站,总部在美国加州旧金山,成立于 2009 年。——译者注
② Hubspot,美国著名的集客营销和销售平台,总部在美国马萨诸塞州剑桥,成立于 2006 年。——译者注
③ Kissmetrics,美国提供市场分析、消费者研究、产品测试和营销沟通咨询的公司,总部在美国加州旧金山,成立于 2008 年。——译者注
④ Marketo 是美国知名的基于云计算的营销软件公司,纳斯达克上市企业,总部位于美国加利福尼亚州圣马特奥,创立于 2006 年。——译者注

珍妮弗·莫斯（Jennifer Moss）研究职场文化。她是可塑性实验室（Plasticity）的联合创始人兼首席市场官。可塑性实验室是一家位于多伦多的 SaaS 公司，帮助企业整合它们的文化，提升员工的幸福感和绩效表现。她也是 2014 年国际企业奖年度女性企业家大奖的获奖者。很明显，莫斯对于工作中的情绪负担不会感到陌生。莫斯相信，文化是最强有力的营销工具，但很多企业没能掌握这一点：

> 最佳的工作场所是拥有最好的工作文化的地方。人们看不到这一点。这是一种潜意识里的情感。马尔科姆·格拉德威尔（Malcolm Gladwell）在他的《眨眼之间》（*Blink*）一书中对此进行了讨论，我们可以发现其中的真实性。我百分之百相信，文化是新的营销。爱彼迎拥有客户体验和以人为本的理念。当员工们处在一种工作文化的激情当中，客户参与度就会增加；但是当员工不高兴的时候，他们的客户服务就会减少。

在我和莫斯的交谈过程中，关于文化的问题最终导向另一个对颠覆性营销非常重要的因素上：情商。"我们要回到老路上去。"我问她这对营销来说是否重要的时候，莫斯这样说。

> 拥有较高的情商，对于营销人来说是非常重要的。在这个信息时代，机器和技术接管了复杂的技能。情商代表着一种必需的软技能，它可以根据人们的需要推动技术的创造和发展。营销人终将推动这一进程，因为他们传递着人们的声音。

当莫斯以情商为中心谈论那些特点的时候，我问了她一个可能会有争议的问题："女性通常难以进入企业中的领导层，但她们真的比男性拥有更好的情商技巧吗？如果情况确实如此，她们将来会不会成为更好的营销主管？"

莫斯并不认为一种性别会比另一种性别拥有更好的情商技巧，但是当谈到谁有更强的情绪表达能力时，她还是更倾向于女性。这种情绪表达是建立在肢体语言和语音语调上，这对于团队建设、建立亲密关系，以及了解客户感受的能力更有帮助。但是，所有这些能力都是可以通过后天学习的。

> **杰弗里·科隆**
> @djgeoffe
>
>
>
> 尽管情商是可以通过后天学习的,但女性确实拥有更强的情绪表达能力,这种能力对于企业来说是非常宝贵的。
> #disruptivefm
>
> 2016 年 3 月 3 日 2:43

莫斯补充说:"你的 DNA 决定了你的个性特点,但是与幸福有关的特点,比如同情和希望……都是高度可塑的。"于是我问莫斯,商业上是否会把情商技能的培养当成是很重要的事情。

"情商极高的人渴望施展他们的领导力才能。情商的高下成为企业的分水岭。有些企业没有把高情商当成员工必需的特质,它们可能会陷入麻烦。"根据莫斯的说法,如果企业能培养出一种以人为本的文化,那么它就能从容应对市场部土崩瓦解所带来的冲击。她说:

> 广告仍将存在……但是,企业真正的领导力来自于企业的 C 级执行官①,他们知道能够引起公司内外共鸣的东西是什么……员工是你的步兵。内部的战士必须成为外部的战士。你会看到企业公开财务状况,具有更多透明度。没有营销头衔的人会成为你的营销人,而他们才是最宝贵的。

---

① C 级执行官指企业高层的 CEO(首席执行官)、CMO(首席市场官)、CFO(首席财务官)等,因为都以 C 为职务名称的首字母而得名。——译者注

DISRUPTIVE MARKETING

第三部分
颠覆性营销的组成模块

第 7 章
内容为王，内容分发是王后

> 沟通的速度让人为之目眩。
> 但是，这速度所助推的，也可能是虚假的信息。
>
> ——爱德华·默罗（Edward Murrow），美国广播记者

伊恩·谢弗（Ian Schafer）是位于纽约的广告代理公司 Deep Focus 的创始人兼 CEO。我认识他已经有一段时间了，我们经常在推特上互动。2011 年，当我离开 360i、还未加入奥美的时候，我曾经去他的公司面试一个职位。伊恩在一家名为"媒介"（Medium）的内容发行网站上发表了一篇文章，题目是《社交媒体到底是什么？》（*WTF Is Social Media Anyway*？）。

为什么这么多传统营销人在社交网络中失去方向？这篇文章抓住了问题的核心：他们的思维里只有内容生产。

谢弗写道：

> 类似于 Facebook、Pinterest、推特和 Snapchat 这样的网络平台是今天的媒介景观中的重要角色，它们让绝大部分传统出版商黯然失色。很多现代出版商（BuzzFeed、Mic[①]、Popsugar[②]、Vice[③]）认识到，它们成功的秘诀

[①] Mic，美国一家面向年轻人的新闻网站，2011 年创建，总部在纽约。——译者注
[②] Popsugar，美国一家面向娱乐、时尚、生活资讯等内容的网站，2006 年创建，总部位于加州旧金山。——译者注
[③] Vice，美国一家知名的面向年轻人的媒体公司，1994 年在加拿大蒙特利尔创建，后将总部迁至纽约。——译者注

并不是花时间经营内容，而是用户访问内容的频率和对内容的接触度，以及它们如何把这两者成功变现的能力。实际上，现在有些超大型媒体公司之所以体量庞大，并不是因为它们占有内容，而是因为它们能在内容分发上做到最好。类似康泰纳仕集团（Condé Nast）这样的出版商和雅虎这样的门户网站，它们是数字时代之初的翘楚，而对于当前的环境来说，只做平台是最佳的选择，因为它们随用户需求而动，能在消费者语境中得到最优化。它们可以根据每一个客户的特性定制每个人的每一次访问。每个人Facebook和推特上的信息流都是不同的，是专属于他们的。

人们分析"内容营销"和"原生广告"①的产生，媒体的平台化是一个原因，而人们频繁使用社交媒体并逐渐转向移动设备才是根本的原因。内容营销不得不存在的原因是，现代媒体的平台化已经改变了人们的行为特点：我们每天都会访问这些媒体平台。这些平台前所未有地成了人们的个性文化和流行文化的集中场所，因为人们不仅在平台上展示自己，还会挖掘平台上的内容。在这些平台上，人们越发摆脱广告，平台会限制广告的数量，特别是在移动设备上。这迫使营销人自我迭代，不能只把广告硬生生地放在社交媒体的信息流当中。

伊恩重新提起了一个熟悉的话题：在颠覆性营销中，广告再也不是营销人撰写的剧本台词，随之而来的问题就是："为内容而内容的这条路是对的吗？"

内容创造和新传播系统

在过去几年里，社交网络和应用程序的生态系统已经成为我们的内容分发渠道。很快，物联网会让内容触达各种其他类型的终端，比如浴室的镜子，比如你的汽车。为了实现触达广度的最大化，各个公司都在不断制造新内容，推动内容

---

① 原生广告（Native Advertising），是广告商在用户体验中（例如搜索或使用 App）通过提供有价值的内容获得客户注意。原生广告虽然是付费广告，但形式上接近客户正在正常阅读的普通内容，以此降低普通展示广告的抵触性，增加转化率。——译者注

市场的扩张。但是，这真的有效吗？我们大多数人都干过"发布"和"上传"这种事，然后我们就忙着生产新的内容，制造新的舆论效果。多数情况下，我们除了关注点赞、分享和阅读量这些空洞的数字以外，不会去调查这些内容本身是否与用户产生了共鸣。

杰弗里·科隆
@djgeoffe

如果内容为王，内容分发就是王后，而我们知道在国际象棋中，王后有多么厉害。
#disruptivefm

2016年2月21日 19:29

现在就来说说内容分发的学问。有些机构开始聘用分析师，他们的全部精力都用来专门研究内容的分享机制。新媒体 BuzzFeed 是其中最有名的。它的出版人阮涛（Dao Nguyen）并不是一个内容创意的专家，她的专业是数据科学和内容分发。

我一直希望能直抵内容分发的核心，希望能证明那些认为内容第一、创意流程第二的营销人已经落后了。为了讨论这个问题，以及由这个日趋热门的话题产生出来的类似问题，我专程去了内容分发领域的"圣地"学习掌握这种新技能的心法。在一个炎热而潮湿的 8 月的下午，我沿着纽约曼哈顿下城熨斗区的人行道走到了 BuzzFeed 的办公室。他们的办公室位于名为玩具大厦的历史建筑里。我提前安排了这次中午会面，去见 BuzzFeed 负责商务发展和传播业务的副总裁阿什莉·麦考仑（Ashley McCollum）。她是在传播领域冉冉升起的一颗新星，想要讨论分销科学的角色问题，特别是内容与创意如何整合的问题，她是最佳人选。

去 BuzzFeed 办公室那一天是 Windows 10 发布的日子，这一层办公室面积有足球场那么大，到处都是苹果笔记本电脑，但是看不到一台安卓手机和 Windows 手机。我发现自己是屋里年纪最大的一位。麦考仑用灿烂的笑容迎接我，问我是不是饿了，带我享受了一顿公司大厨安排的免费午餐。有那么一刹那，我觉得自己穿越回了西海岸，到了一家硅谷的科技公司。这里的文化是友好的，每个人都互相问好，显得非常开心。当然，有谁不想在一家价值 8.5 亿美元的公司里工作呢？

麦考仑向我解释了 BuzzFeed 的成长，这种成长过程完全是背离传统的。"在过去的三年里，我们没花一分钱做广告，没花一分钱在并购项目上，也没有专门的人负责品牌营销。在这里的每一个人都肩负着品牌和营销的职责。"

杰弗里·科隆

@djgeoffe

如果你真的想快速成长的话，忽略掉那些传统的营销策略吧。
#disruptivefm

2016 年 2 月 21 日 19:37

麦考仑回忆起 2012 年她刚加入 BuzzFeed 的时候，她做的事情与前一位雇主——NBC 新闻——要求她做的事情截然相反：

采用由传统策略发展而来的公关和营销，经常会让人深陷其中不能自拔。但结果就是，你没有办法实现快速传播成长。我在这里的目标就是要忘掉传统策略。

第7章 内容为王，内容分发是王后

我们在2007年看到社交媒体成为传播的主要力量，那是很早的时候；在那时社交媒体几乎还不成形。你可以看到我们的主页因社交属性而改变了页面设计。（BuzzFeed的创始人）乔纳·佩雷蒂（Jonah Peretti）基于社交网络创办了这家公司。大多数新闻网站是在搜索引擎和门户网站当道的时期建立的。那时我们问自己：如何让我们的站点更好地适应即将到来的社交时代？社交正将成为主要的内容分发渠道。

麦考仑说，BuzzFeed的人本质上是数据科学家，他们根据用户对技术和设备的体验来打造内容。"在苹果手机出现之前，我们就有一个优化黑莓手机体验的移动网站。"麦考仑指出，每一条内容，每一种类型的分享按钮和API接口，都经过测试来决定：如何让人们接触到BuzzFeed的内容，以及他们在自己的社交版图中如何分享这些内容。

我们曾做过测试，如果你的页面访问是从Pinterest跳到BuzzFeed的，（结果表明）你把内容分享到推特的可能性只有7%。既然如此，为什么要在页面上保留一个"分享到推特"的按钮呢？在推测用户行为触发这方面，这就变得更有意义了。所以我们增加了Pinterest分享按钮（的数量），而把内容分享到Pinterest的用户行为增加了10倍。

麦考仑同时指出，BuzzFeed加入WhatsApp[①]分享按钮后，很多网站的流量有了明显提升。

我们是第一家添加WhatsApp分享按钮的网站……通过内容测试，我们注意到很多人用这个键把内容分享到即时通讯软件中。这证实了我们对用户体验的判断。在这次测试之后不久，我们在网站上放置了越来越多的分享按钮，其他网站也跟进我们，放上了WhatsApp分享按钮。

就创意性和内容而言，麦考仑和BuzzFeed所做的是与很多营销人所学的理

[①] WhatsApp，一款应用于手机端的即时通讯应用程序，于2009年推出。——译者注

论——内容创意第一，内容分发第二——背道而驰的事情。BuzzFeed 逆转了这个过程：通过数据分析得出内容可能在哪里被人分享，然后创造内容去提升用户的体验。他们因此成为最早的以用户为中心的媒体公司之一。麦考仑打开她的笔记本给我看了一页文档，上面的内容解释了 BuzzFeed 公司的内容分发理念，可用图 7-1 表示。

我首先注意到的是，"内容"一词没有出现。我们能看到"分发"一词，也能推断出它对内容制作人的影响。现实中，人们对于内容分发普遍缺乏思考，导致内容营销的效果很差。很多人都急于创造内容，急于"发表"，但大多数人并不想（或者不知道该如何）分析内容分发的经验，把它们应用到未来的项目上。BuzzFeed 让他们的员工秉持着以内容分发为中心的理念，并因此变得更加强大。

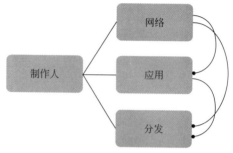

图 7-1　BuzzFeed 营销反馈环路图

虽然内容的目的是占据用户的心智，创造阅读过程中的代入感，说服用户采取我们所期望的行动，但是好的内容从来不会自动置顶。BuzzFeed 看起来就深谙此道，不过不止他们一家。

案例
创建基本的播放列表

也许我写作本书的过程，还有音乐平台 Spotify 分发音乐播放列表的方式（Spotify 是我在 2011 年的客户），能提供一些洞察。

凭着对内容分发的敏感，Spotify 采用了建立播放列表的做法。播放列表是他们非常重要的服务。播放列表能够展现出有多少用户发现了新的内容。在一个信息超载的世界里，发现好内容是很困难的一件事。因此，建立一个基本的播放列表，既是一件非常人性化的事情，也是一件符合逻辑的事情。大数据会告诉Spotify什么是他们需要创建的，什么是需要他们抛弃的。但这和唱片公司的艺人与作品部所做的事情又不太一样。以前，他们签下一位歌手，就会尽量保证这位歌手的星途顺利，即便动辄就要花费上百万美元。

Spotify用一个编辑小组来打造播放列表，每当一个编辑推出一个歌单，用户数据就开始提供反馈。编辑小组于是可以根据人们对歌曲的喜爱程度、保存情况、跳过和删除情况，以及因为某首歌而放弃整个歌单的情况，调整并更新播放列表。当编辑看到人们普遍喜欢的歌排在第12位或者第15位，他们会很快把它移动到第一、第二的推荐位置上。

Spotify团队编辑发布了各式各样的歌单，覆盖了每一种情绪和环境下适合播放的音乐。基于用户的情绪因素，他们想了很多推荐歌单的办法。实际上，当其他营销人试图给潜在买家推广云服务时，他们也想采取某种内容策略来进行营销，却很少会像Spotify那样去做。

谷歌前员工希瓦·拉贾拉曼（Shira Rajaraman）是Spotify播放列表分发计划的幕后操盘手。拉贾拉曼懂得，人们并不是围绕歌手来选择歌曲，由此建立起数字音乐曲库——这是苹果的iTunes发布时的做法。相反，用户创建歌单的偏好植根于DJ的混音文化。这些歌单源自于人们生活中的一些重要时刻——他们在特定时间产生的特定感受。所以拉贾拉曼认识到，用音乐连接用户的最佳方式，是走心，而不是理性思考。

作为一个音乐爱好者，我认识到Spotify做的最为颠覆的一件事：以前，你需要知道你想搜索的音乐，比如，我现在想听著名摇滚组合史提利·丹（Steely Dan）的歌，我可以去搜索这个歌手。但是如果我登录Spotify，并不想找特定的歌手或者特定类型的音乐呢？如果我不知道该听谁的音乐呢？现在，歌单文化已经可以根据一个人的心情发现他想要的歌，这种功能开始流行起来。

"分发第一"的边缘

Spotify 现在根据人们生活中的特定情境提供相应的服务，而这也是整个网络世界的趋势。在这种环境中，收集分发数据比收集内容数据更容易。用户的位置在哪里？一天当中的哪个时刻，他会登录特定的平台？他会在平台上做些什么，什么时候做？

Spotify 重新设计了整个内容分发平台。它通过播放列表的形式，在听众用户体验的基础上推荐音乐。最优秀的内容分发专家深谙此道，刻意给用户营造一种"无心插柳"的美好体验，并对此进行不断的优化和迭代。人们有时想找特定的内容，有时却能刚好碰到一首喜欢的歌，仿佛机缘巧合——但实际上都是设计师和程序员根据人们的喜好和倾向有意为之的——在特定的情境推荐适合的歌曲。

好的内容当然无法自己实现这一点。分发与内容的关系，就像"阴"和"阳"的关系一样。这就是为什么越来越多的公司都希望自己成为用户有特定需求时的首选。Spotify 也希望成为用户想随便听听音乐时的首选。这种认可"内容分发是王后"的态度也逐渐渗透到其他应用程序和服务当中。

> **案例**
> **发现关键词，创造内容**

当我考虑营销资源的时候，我想起了"谷歌思考"[1]。谷歌认为，仅仅知道如何使用某种产品并不够，于是它打造了一个工具，帮助广告人获得针对提升推广效果的洞察。通过搜索引擎营销，谷歌关键词广告[2] 帮助客

---

[1] 谷歌思考（Think with Google），是谷歌的数字化营销平台。谷歌通过提供海量资料、大数据分析及应用工具，帮助用户掌握行业、平台及客户群的动向。——译者注
[2] 谷歌关键词广告（Google Adwords），按关键词及谷歌内容联盟网络进行网站推广的付费推广方式。——译者注

户通过谷歌上面广泛的教育资源（包括直接和间接的资源）——如从业者信息、视频资源和博客文章，最终找到对应的商家、服务和解决方案。这是在网络环境和客户行为都发生变化的形势下，广告人使用关键词广告产品的策略，这种做法成效显著。

谷歌思考的核心是打造这样一种资源：通过循循善诱的引导，激励特定的广告受众积极采取行动。以目标内容为中心，谷歌的产品营销团队把他们在已有的内容资源上的流量，导入相关业务的特定产品属性页面上，同时跟踪用户对这种产品属性的使用和接受程度。举例来说，如果谷歌在"呼叫延伸"业务（在搜索结果中加入电话号码，这样客户可以直接点击号码打电话）上提供指导和说明，他们会用最具有战略意义的说法来解释这种功能，以此推进这种业务的广泛应用。点击通话可以说是实体零售商惯用的营销方法，他们希望获得线下访客流量，通过追踪这些电话来促成门店访问。就这样，谷歌思考通过其领先的营销手段，为谷歌带来源源不断的新生意和回头客。

虚张声势的内容：为什么分发是必要的

一说起用来记笔记的应用程序，我首先想到的是 OneNote[①]。你想到的可能是印象笔记（Evernote）。关键是这类工具只有少数几个可以成功，而这些成功者往往在创造内容和产品之前就已经先考虑了分发问题。

Meerkat[②] 是一款直播软件，可以面向推特粉丝进行视频直播。当然，Meerkat 是通过与推特之间的 API 建立连接的，这样可以在推特用户中找到大量观众。

[①] OneNote，微软开发的一款适用于电脑、平板电脑的笔记工具，于 2002 年推出。——译者注
[②] Meerkat，一款 iOS 上的视频直播 App，被称为视频直播界的鼻祖。与 Twitter 账户关联，用户只需要简单点击就可以开始向粉丝直播。但在 2016 年 9 月公司宣布这款应用从苹果商店下架。——译者注

Zynga①能成为Facebook首选的游戏解决方案,是因为它拥有最好的社交游戏分发能力。明白我的意思了吧?

一个内容创意大师会告诉你,想要在营销中获得成功,内容本身就是一切。颠覆性营销人会认为这是在夸大事实,因为每一个成功的企业都是通过成功的分发才走到今天这一步的。

内容创作与生产主义

我曾经有幸和很多非常聪明的人一起工作。其中一位是妮可·斯腾博克(Nicole Steinbok),微软的高级项目经理。她曾经在OneNote产品组工作,现在转到了Surface产品组。2014年,斯腾博克作为创意人员之一,参与了苹果电脑上OneNote视频的特殊发布。

在最近一次关于营销发展方向的对谈中,斯腾博克和我聊到了生产这个话题。在发过来的一封邮件中,斯腾博克说到:

> 营销会被我们消费的内容彻底整合起来。至少我希望未来的方向会是如此。我讨厌广告。我不再看Hulu上的视频,因为上面有广告。我愿意花钱来避免广告干扰我观看内容,有我这种想法的人不止我一个。"娱乐菜谱"(Menu tain ment)是我在一间微软餐厅里看到的词。它让我想起了红花餐厅(Benihana)②,在那里厨师会当着你的面做饭。创造……美食的过程也是一种娱乐享受。我希望……看到广告和营销本身具有更多娱乐性,能完全融入到我所消费的东西中去。我知道有人会讨厌这个想法……因为你会觉得自己更加受人操纵。我对营销和信息操纵也是非常敏感的,但我会觉得这样挺有意思。
>
> 如果让我来预测研究与发展主要的进步方向,那就是我们会不断缩短研发的时间,缩短一个产品从创意想法到交付给用户这个过程的时间。我

---

① Zynga,美国著名社交游戏公司,纳斯达克上市公司,成立于2007年。——译者注
② Benihana,有中文译为红花餐厅。这是一家有名的日本铁板烧餐厅,在日本和美国都有很多分店。——译者注

也……非常享受 Kickstarter①的介入。我是一个消费者，但当我回顾一个产品无数次的版本更新和迭代的时候，我也会觉得自己参与到产品的研发过程中了。我喜欢那种参与感，我希望能更多地参与。

创造一件东西会变得越来越容易，而条件要求会越来越少。但是我还是会买很多现成的东西，我没有时间和动力去自己动手。但对于那些想要创造新事物的人来说，门槛已经很低了。如果我可以通过提供众筹资金（到 Kickstarter）、创意或者反馈，为制造某种新产品出力，我会看到顾客们"制造"出更多的东西……在微软的餐厅里有一些机器，你可以用它来"创造"你自己口味的饮料。餐厅提供了很多种选择——有些是基础口味，有些是附加口味……健康型、清淡型、零添加、常规风味等等。尽管用户并不制造机器本身，但他们还是能够通过这种方式进行某种制造。

斯腾博克谈论的是颠覆性营销人所说的"生产主义"（Producerist）——一种让任何人可以生产任何东西的能力，只要他/她有创造力和意愿去做这件事。

更低的壁垒意味着更轻易的进入

妮可·斯腾博克说，生产制造正在变得更加容易，这是因为准入的壁垒正在降低。克里斯·安德森在他 2006 年出版的《长尾理论》一书中谈到了这个问题：

生产者和消费者之间的传统界限正在变得模糊。消费者也是生产者。有些人能从零开始独立创作，有些人会修改别人的作品——原样照搬或抽取意象，然后再进行重新混搭。在博客世界里，我们谈论"以前的受众"——读者从被动消费者变成主动生产者，在主流媒体上直接发表评论和博文。其他人对于这个过程的贡献主要体现在互联网一传十、十传百的口碑效应中，他们承担了以前由电台主播、音乐杂志评论员和营销人承担的工作。

---

① Kickstarter 是一个专为具有创意方案的企业筹资的众筹网站平台，2009 年在美国纽约成立。2010 年被《时代周刊》评为 2010 年最佳发明之一，2011 年被授予"最佳网站"称号。——译者注

有些人称之为"参与结构"(Architecture of Participation)。图 7-2 说明了它的运作方式。

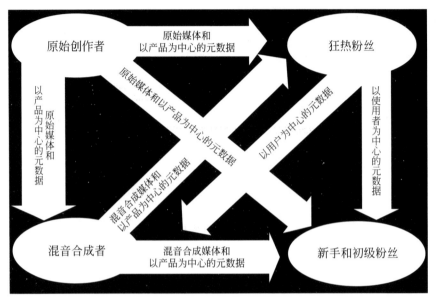

图 7-2　参与结构图

这种模式是播客现在如此流行的原因之一。

> **案例**
> **什么时候壁垒会坍塌?**
>
> 　　从 1990 年到 1996 年,我在宾夕法尼亚州伯利恒的 WLVR 电台 FM91.3 制作了一档周播的电台节目,名叫"更进一步"(Furthur)。我很喜欢做这档节目。每星期 4 个小时,我会播放来自全球的音乐,听众只有一小群——大约有两百多人。在那个时代,制作音乐的工具主要掌握在大公司的手里,只有他们才买得起这些设备。
> 　　时间快进到 2006 年。我当时在纽约为一家创业型企业工作,我在旧

> 金山发现了一家公司，名叫 Podsafe 音乐网络①。这是一家服务于播客的网络公司，它出现的时候，播客还没有成为 iTunes 上的主流。Podsafe 主推了成百上千的播客，节目形式与我在 20 世纪 90 年代所制作的电台广播节目非常类似。但在那个时候，用于制作一个播客节目的工具并不简单，门槛还是很高的。
>
> 我喜欢收听一些早期的播客节目，但它们并不具备电台直播间里的专业技术手段。然后在 2012 年，一家名为 Spreaker 的创业企业出现了，它让任何人都可以用它的工具和技术来创造并传播播客。于是，我做了所有喜欢广播的人都会做的事情：我开始录制一档播客节目，名为"颠覆性电台"（Disruptive FM）。Spreaker 给了我（以及千百万人）完成创作的工具。结果是，播客作为生产主义文化的一种类型，开始爆炸式地增长。

普遍接入：现在任何人都可以成为制作人

2014 年，爱迪生研究机构发现，3900 万美国人在一个月内收听过播客节目。这是一个相当可观的听众数据，而消费端的需求旺盛还不能充分说明产业的繁荣。有一份播客目录显示，在任意一天当中，一个人可以收听到的播客节目平均有 15000 档之多。

过去，如果你我没有机会获取媒体制作工具，我们就没法制作任何东西。我们只能消费那些媒体推送给我们的内容。但是形势在过去十年已经发生了变化。到 2020 年，这种趋势会更加显著。

类似的"制作"再也不需要专业设备了。就像自媒体的崛起和视频的创作

---

① Podsafe 音乐网络（Podsafe Music Network，简称 PMN）是一家为音乐家和播客提供网络工具、为听众提供音乐播放的网站。Podsafe 主要是指网络直播中免除版权的问题。网站的创建者 Mevio 公司成立于 2005 年。——译者注

一样，现在制作音频可以说是易如反掌。用一部苹果手机，加上类似 iPadio[①] 和 Spreaker 这样的应用软件，我 4 岁大的孩子都可以制作一期播客节目。正如克里斯·安德森十年前振振有词的预测一样，我们不再是单纯的消费者了，我们同时也是生产者。

生产主义对于颠覆性营销的影响

如果我们可以是制作人，我们也可以是营销人。颠覆性营销人理解这一点，并以此作为他们的优势。比方说，如果我能影响一部分创意人替我来做一些宣传——当然，宣传的是他们感兴趣的东西，那会怎样？

今天，生产力技术的形态各异、规模大小不一。现在不像以前，基本上没有准入的门槛，以前只有少数人拥有用于制造和创作的工具，而现在，每个人都有同样的渠道来获得工具。不过，这个生产平民化的新时代可能也存在着风险，特别是对于特定的品牌和老字号而言，企业创造的内容、商品和服务再也不够了。任何人都有能力进行创造，这就是制造业和营销的新生态。创造，再也不局限于少数人，它向我们所有人开放。

安东尼·德·罗萨（Anthony De Rosa），曾任 Circa 和路透社编辑，如今在每日秀（The Daily Show）工作。我曾经和他交谈过，关于新闻行业的创业公司应该如何运用生产主义推动它们的营销。

新闻网站不需要大量资金支持就能存活下去，它们天生就是营销的颠覆者。德·罗萨认为，因为你不需要为所有人生产内容，只要找准目标受众就可以，所以这会造成新闻网站在细分领域上的爆发。

"网页的流量现在看起来是无限的。如果你现在开始瞄准细分市场，把事情做细，做到一个有限的规模上，你就可以在新闻媒体领域做出一些真正革命性的东西来。你找对一个用户，他会帮助你传播口碑。从一个细分角度满足人们对某个主题的阅读兴趣，这就是你要做的营销。"

[①] iPadio，一个可以在苹果或安卓手机上下载的播客软件。——译者注

德·罗萨认为，在媒介的每个部分，聚焦于细分市场的网站都在让生产主义变得更加美好。

在媒介领域，小的细分项目获得成功的例子有很多，马歇尔计划①就是其中之一。他们发现一个话题，比如刑事司法体系，然后他们就占山为王：一旦新闻中发生的事情与这个话题有关……他们就会成为话题讨论的中心地带。因为他们聚焦细分市场，只要这个话题能在更大的新闻事件的语境中居于前列或者处在中心位置，他们就可以在这个话题上获得大量关注。如果仅仅是追热点，而且投放的内容又没有足够的风险资本支持，那就比较困难了；但假如你可以成为某个领域的专家，可以生产、传播你自己原创的内容，受众就会自发地为你传播这些新闻内容，让你达到理想的效果。

杰弗里·科隆
@djgeoffe

现如今每个人都可以制作任何内容。品牌内容和客户原创内容比起来就显得很平庸了。
#disruptivefm

2016 年 2 月 21 日 19:58

下一次浪潮：生产主义者趋势

作为细分内容网站的补充，我们再看一看其他的趋势动向，这些都是生产主义带来的结果：

---

① 与历史上第二次世界大战后的马歇尔计划不同，本书谈到的马歇尔计划是 2014 年启动的一个非营利、无党派的网络记者组织，以研究、报道美国刑事司法正义为主要焦点。——译者注

- 消费者对于产品的体验会在短短几天内涌现，而不是几个月以后才出现反馈，这要归功于云计算。
- 短视频和广告由普通人制作完成，而不是由专业人士或者广告代理公司完成。
- 时尚设计源自人们自家卧室里的"工作室"，通过3D打印进行复制，向全世界进行发布，再也不需要参加时装周和主流媒体的报道。
- 新的食品来源唤起了人们对天然食材的热衷，人们开始排斥化学合成的食品。
- 广播节目是由个人制作并分发的，会有一些富有创意的东西想要展示给大家。
- 自媒体出版的作品里包含了Vine、Instagram或Snapchat等新媒体内容。
- 第一个移动社交网络平台的功能就已经超越了"分享"，给人们提供了"创造"的工具。
- 人们可以在《媒介》网站上阅读美国总统的国情咨文。

Instagram，增长最快的社交网络之一，不仅是一个内容分发平台，同时也是一个创意平台。

颠覆性营销人创造什么

如果我告诉你颠覆性营销人创造一切，你会做何反应？看起来像一个大而无当的目标，对吧？但是，如果我告诉你颠覆性营销人什么也不创造，你又会做何反应？你可能会感觉很不一样。

在这个美丽的新世界里，用户会进行创意工作，你作为营销人，只要用你的灵感引导他们就可以了，为什么你还要做创意呢？你要激发人们为你创造内容，只要这些内容基于你的品牌的真实性。你应该这么做：不要再思考平台和内容的形式——比如图片还是视频，你应该思考人的行为。

如我之前所说，2012年，IBM给我在奥美的团队下达了一项任务，我们要制订一项计划，向人们展示"分享"是怎么一回事。其实在这个过程中我们也学到了，为什么最具有颠覆性的营销方案创造的是激励，是用户情感上的共鸣。颠覆性营销人并不创作内容，也不制作病毒视频。他们只是擦亮火柴，让所有人跟着兴奋起来。（我们的发现最终呈现为一份报告——《分享的科学》，它以《纽约时报》的一次市场调研为基础。）

这就是为什么像 YouTube 这样的平台每年会有超过 300 首重新混录的歌曲发布，但这些曲子都没有得到艺术家本人和音乐公司的授权。并不是 YouTube 激励了这种行为，而是这些朝气蓬勃的制作人，他们希望自己变得有名，他们用笔记本电脑就可以做音乐。他们发现，制作原创音乐对于创意人来说虽然重要，但不会让他们被"有影响力的人"发现。他们觉得比较好的做法还是重新混录一首名家的歌曲——即便这样做有侵犯版权之嫌。

如何成为生产主义者

客户已经变了。听众现在很可能也会变成主播。他们希望能完完全全地掌控自己看到的东西、分享的东西。想想看你最近在类似 YouTube 这样的平台上观看的视频。是谁制作了这部视频？它看上去很专业吗？如果是的话，它看起来是不是那种快消型的视频？你觉得这个制作人心里明不明白，他们在开始创作和分发下一部视频之前，只有非常有限的时间能花在现在这条内容上。

你该聚焦在平台上，而不是幻灯片上

成为一个生产主义营销人最好的途径是，抛弃幻灯片，在数字化平台上精心打造你的直播。在平台上完成所有的事情，这会让你迅速了解用户的体验，锻炼自己的灵活性。这也会让你感受到用户在平台上的一举一动。也就是说，传统的幻灯片展示是二维的、线性的。而人们的行为方式，他们分享和转发的方式，他们自己参与创作内容的方式绝不是平面化的、静态的。用幻灯片来讲解网站运营策略就如同用一副普通眼镜去观看 3D 画面。

平台就是你的画布，你在这里留下数字化的足迹，它让你看到什么东西可行，什么东西不可行。你可以逐渐适应平台上发生的变化，这种变化每周都在发生。

Facebook 曾经是打造社区的地方。2009 年我在广告公司的时候，花了很多时间劝说各种公司到 Facebook 上建一个自己的社区。但是那些提案更多是靠"说"而不是靠"演示"。要展示一个平台是如何工作的，最好的方法是到平台上去看。相比幻灯片来说，那是一个更能让人获得沉浸式体验的展示方法。正如之前弗兰克·罗斯所说的，营销人应该使用"同谋的私语"，这不仅要用在我们和受众之间，也要用在和我们想要说服的那些客户、合作伙伴及同事之间，说服他们采用颠覆性营销策略。

今天，如果有人问我，在 Facebook 上可以做什么，我会打开 Facebook 广告，给他们展示大量用于定向投放广告的数据，他们可以借此触达目标受众。Facebook 已经从一个社交功能的社区转变成一个广告网络平台，但是，无论给人看多少张幻灯片都不如一键登录进去，亲身体验它的服务。可视化教育正在变得越来越流行，原因就是它能引起的共鸣是文字性知识所达不到的。

从早期应用者那里学习：聘用年轻人

我有幸得到很多良师的指教。我现在理解为什么他们会在我二十几岁时就雇用我，把我留在他们的团队里。我非常愿意告诉他们这个行业里下一步会发生什么。这是非常重要的营销职能，因为这可以让公司在客户发生转变之前，先调整自己的品牌战略——这样品牌就可以一直占据客户心中的重要位置。一个企业紧跟潮流的最好方式是雇用年轻人：年轻人愿意通过各种搜索方式、社交数据和网络人类志[①]来洞见未来，尤其对于年轻的数据朋克来说。

企业需要聘用年轻人的另一个原因是，年轻人会关注潮流趋势，可以帮助你判断生产主义会在什么地方发生，由谁来进行创造，会用什么工具进行创造。2006 年我在广告代理公司的时候，我的实习生要卸载 Myspace[②]，改用 Facebook。2011 年的时候他们告诉我要用 Instagram。如果我的团队里没有年轻的同事在这

[①] 网络人类志（Netnography），关于互联网上人类行为的研究。——译者注
[②] MySpace.com 成立于 2003 年 9 月，曾经是全球最大的社交网站之一，是一个集交友、个人信息分享、即时通讯等多种功能于一体的互动平台。——译者注

方面点拨我，许多事情都不会发生。

这个世界是怎么变化的？作为技术发展的结果，师生关系已经要被反转了。传统是一个营销人需要一个经历丰富的"老兵"作为导师。但是老兵可能会因为每天日常的杂事而深陷泥沼——忙于管理、疏于创造，而年轻人则不太可能这样——他们有更多时间可以沉迷于那些看似没有效率的事情。仅仅这一个原因，就应该把他们招到你的团队里，再加上他们掌握的其他技能，他们可以为你的新媒体营销计划中添砖加瓦。

2015年我去旧金山访问一家初创公司。我注意到一些年轻的数据朋克（年龄从22～25岁），他们把大部分时间都花在使用智能手机工作上。在不远的未来，我们不太可能用一台苹果笔记本电脑创造用户原创内容，甚至使用Windows 10的可能性都很小。更有可能出现的情况是，未来一代最重要的工具是智能手机应用软件（而有些应用软件可能并不是由数字生态系统独立创造出来的，我将在第8章讨论后数字化运动）。

年轻人在社交网站上的表现很像他们追随流行文化时的表现。他们是第一批吃螃蟹的人，他们是参与者，他们乐于创造而不是简单地旁观。而他们所采纳的东西，经过一段时间，最后很可能成为我们所有人都能接受的东西。忽略那些批判"蛇族"①的文章吧，现在就去招一个年轻人来。

---

① 蛇族（Snake people）是美国近年来对"千禧一代"的一种叫法，大量媒体进行了相关讨论。其特点是有丰富的互联网和智能手机使用经验，相对缺乏对于公司的忠诚度，比较自私，缺乏方向感和安全感，给社会带来多种颠覆性变化等。——译者注

第 8 章
社交化设计以及后数字化时代的来临

> 我在一个现实世界中长大，我说的是英语。
> 下一代人在一个数字世界里长大，他们说的是社交化语言。
> ——安吉拉·阿伦茨（Angela Ahrendts），苹果公司高级副总裁

- "为什么你的网站上有这么多社交性质的内容嵌在里面？"
- "为什么你不遵守公司的规定使用我们自己的模板？"
- "我们希望把尽可能多的人吸引到我们的网站上来，而不是让他们去别人的网站。"
- "为什么你使用的完全是为 Snapchat 设计的内容策略？我们需要增加的是博客点击量！"

说社交化语言：新的连接方式

上面这些话在不了解社交化语言的营销人中非常常见。他们很难理解，在今天的品牌营销中，传统的、严格执行的策略会推进得很慢。他们也不理解，这种做法涉及的程序太多，产生的影响太小，除非这是在处理投资者关系或者在严格的美国证券交易委员会规则限制下使用。

今天的客户希望能够通过内容来互动，在很多场合分享内容。如果你想控制流量，那就像要控制用户使用流程一样。用户也是人。人会非理性地行动。如果你能理解并接受这一点，你就能按照他们的方式和他们进行连接，而不是按照你的方式。

社交化设计（Social by design）是一种设计的策略，这种策略让对话进入一种实时进行的关系管理模式。不像以前那种卖二手车的人不断地给人发骚扰信息，一个采取社交化设计的解决方案供应商，他的目标是获得情感共鸣，他会从用户视角出发来呈现内容、创意和产品信息，与用户开展真正意义上的对话。在这种社交化设计的对话中，营销人表达"我们是谁"，与此同时，从用户那里得到反馈，他们会告诉我们怎样能让我们的产品——乃至世界——变得更加创意十足。

> 杰弗里·科隆
> @djgeoffe
>
>
>
> 社交化设计是一种把人的优先级看得高于生意本身的策略。
> #disruptivefm
>
> 2016 年 2 月 21 日 20:03

社交化设计的产品把人和企业文化放在用户体验的中心位置，而不是把数据、终端设备、客户群和信息摆在中心位置。这种建构网站和平台的方式是一种根本性的改变。社交化设计很可能会定义社交网站的下一个阶段，在这种网络环境中我们都是创造者、生产者和参与者。

技术、终端和产品不再构成卖点（就像 Windows 10、安卓和 iOS 系统，还有 Word、Keynote[①] 和 Photoshop 这样的应用软件，以及 iPhone、三星 Galaxy 手机和诺基亚 Lumia 手机这样的设备），对话本身就是卖点——与用户进行交流互动，以触发情感为核心。从对话中获得的数据大部分事关这些产品如何融入到我们每天

---

① Keynote，苹果公司 2003 年推出的演示幻灯片应用软件，可于 Mac OS X 操作系统下运行。——译者注

的生活中去，这些数据会帮助我们推动未来的产品提升和创新。

你和你的用户之间的对话（不是客户反馈系统里那种一年一两次的对话），以及你和同行之间的对话——如果你想了解人们真正迫切的需求，同时辨别出那些伪需求，这是唯一能达到这个目的的方法。

但是让我们回到现实。尽管社交化设计理论上听起来很不错，但很多企业在社交化设计的实施上却做得很差。辛迪·阿尔维兹（Cindy Alvarez）是《依赖客户发展》（*Lean Customer Development*）一书的作者，也是 Yammer 公司的用户体验总监，她很认同这一点。我们曾经通过电子邮件进行交流。在其中一封邮件中，阿尔维兹谈到一个问题，很多品牌现在还是不理解社交化设计所扮演的角色，很多人还是使用单向沟通工具，用这种工具时他们只考虑自己的需要，而不考虑用户的需要。正如阿尔维兹所说的：

> 我用的磨砂膏上印着活泼的字样："关注我的推特吧。"这时候我往往会视而不见。算了吧，都是线上营销的小把戏。我们应该向线下的世界学习。人们有各种事务往来和社会关系，要区分它们并不困难……社会关系未必就一定"更好"。去问问那些对自己的理发师和汽车修理工不满的人，即使有不满，他们也不会轻易离开那些服务商。那么，究竟是什么让人想要"倾听"品牌的声音？让品牌变得人格化？哼，这只是雕虫小技。要是你对于社交手段的想法就是这些，说明你还没有深入思考。
>
> 我认为这与产品品质也无关。有一些产品我很喜欢，也会积极向别人推荐，但我并不想和它们建立社交关系，例如 Blendtec 牌家用搅拌机、乔氏商店（Trader Joe's）、疯狂鸡蛋①、喜达屋酒店（Starwood）等。
>
> 我发现最近一段时间，有两种品牌在建立用户关系方面能持续获得成功。我把它们称为身份型品牌（Identity brands）和改进型品牌（Improver brands）。

---

① "疯狂鸡蛋"（Crazy Egg）是美国一家从事网站客流分析的专业网站，公司成立于 2006 年。——译者注

身份型品牌是与这些事情相关的：我们希望自己如何生活，我们希望别人如何看待自己。看一看耐克和"Just Do it"口号——感觉这就代表着用户和他们的身份认定。与此相反，也有些大品牌用过很糟糕的广告语，而且用了很多年："我就喜欢（I'm loving it）"，还有"畅爽开怀（Open Happiness）"——你能想起这是哪个品牌的广告吗？不一定吧，因为这些实在是太平庸了。

改进型品牌希望能让我们变得更聪明、更快、更有吸引力。这些品牌表达自己的方式更像是一位导师，为人们提供建议、想法和推荐。他们并不在广告语上花太多功夫，相反，他们会提供无数细小的建议。看一下 YouTube 上的明星——米歇尔·潘（Michelle phan），还有那位"笨笨学 P 图"的网红，以及一些互动性强、指导性强的公司博客，比如 OkCupid[①] 和 Kissmetrics。

阿尔维兹的话展现了一个事实：即便是全新的沟通设计方式，也未必能得到品牌很好的利用。如她指出的，最好的社交化设计体验并不局限在社交网络生态系统中，但还是有很多品牌有这种局限的想法。

内容营销：好品牌的奠基石

当我们谈起社交化设计，另一位适合发表想法的人是朱利安·米切尔（Julian Mitchell），他的本职工作就是打造社交化设计内容。他是 BuzzFeed 的高级品牌文案策划，在洛杉矶工作。米切尔不是一个常规的营销人。实际上我觉得他可能不喜欢营销人这个标签。他最主要的目标就是要激发对话、推进对话，提升人们的思考水平。

我们把朱利安这样的人称为"启发者"（inspirer）。他们并不属于马尔科姆·格拉德威尔在《引爆点》一书中描述的那种"联系员、内行和推销员"。《引爆点》一书出版于 2000 年，由于现在已经是社交化设计的天下，所以它显得有

[①] OkCupid 是美国知名的在线约会和社交网站，于 2001 年上线。——译者注

点过时。当我问米切尔一个颠覆性营销人如何领悟社交化设计的哲学,他的回答正中这个概念的核心:

> 在今天的数字环境中,内容营销是打造一个好品牌的关键;而一个好的品牌才会真正影响人们:它可以启迪智慧,激发思考,形成观点,开启对话,最终形成与人们真实、持久的关系。你希望能给人留下非常深刻的印象。内容营销是所有媒体计划营销人员掌控的重点,也是全球广告投入中最主要的部分——内容、对话和体验。顺着这个说法,我觉得有效的颠覆性营销的关键是要创造引人注目、能引起争议的内容,或者是能激发对话的内容所产生的体验。这种内容是突发的、真实的、自信的,带着某种特定的目的和意图。好的颠覆性营销会引入颠覆性的观点,对现实形成强有力的挑战……
>
> 我认为技术在颠覆性营销推广中扮演着很关键的角色,而产品功能是另一半可以强化内容体验的地方。它就像工具、平台和入口一样发挥着作用。因此,我不认为颠覆性营销只限于技术层面。我想我们已经看到很好的实例,在禁烟运动中极具创意又非常有力的真相广告[①],还有 Beats 通过一系列"听你所想"(Hear What You Want)广告实现的推广活动[②]。这些广告在情感表现上非常引人注目,从独特而新颖的角度叙述了引人入胜的故事,而这些角度又实时开启着进一步的讨论。类似红牛这样的品牌已经非常精通颠覆性营销,他们的做法是用让人印象深刻的噱头,营造极限运动的情境,比如从太空中跳伞。如果要举一个更倾向于技术驱动的例子,那

---

① 1998 年,美国主要烟草公司与美国多个地方政府达成和解。各个地方政府放弃代表民众向烟草公司提起诉讼的权利;作为回报,烟草公司拿出一定的利润支持专业组织对公众进行禁烟宣传。在此背景下,美国遗产基金会(American Legacy Foundation)成立,接收、管理和控制烟草公司提供的巨额赞助,支持、推广公众健康领域的教育及研究工作。真相(Truth)广告就是他们制作的一系列禁烟广告,在美国拥有巨大反响。——译者注
② Beats,美国著名声乐设备品牌,创建于 2008 年,2014 年被苹果公司收购。作为营销策略的一部分,其耳机经常出现在电影、MV 和其他媒体上。"听你所想"是他们拍摄的一系列广告。——译者注

就是 Jay-Z[①]与三星的合作案例。Jay-Z 的新专辑发布与三星的新手机发布捆绑在了一起，他发布了一系列内容，让听众以前所未有的方式参与到创意过程中，他让三星在专辑正式发布前就购买了一百万张提前送给用户，这样专辑在发布之前就达到了白金唱片的标准——从而一举改变了美国唱片业协会的规则。创造者泰勒[②]的"樱桃炸弹"应用，也是一个非常好的案例。这款应用仿佛从天而降——其中包括一整张专辑、授权商品、登录入口、奖项、原创花絮，还有一个让粉丝们感到宾至如归的网络空间。

必要的组成部分：高情商的领导者

我和朱利安·米切尔很快谈到一个关键问题：企业文化。而这一点之前珍妮弗·莫斯也曾谈到。关于这一点，她的结论是，单纯地执行社交化设计策略并不足以带来成功。领导文化中的情商因素也非常重要。如米切尔所说：

> 能够胜出的品牌看起来不会像是其他的品牌，而是我们的品牌；我认为只有这样的公司才会获得更多的收益——这些公司积极地引入创造者和策划者，把他们放到创意领导人的位置上，在公司的使命框架内，自由地施展自己的才华。他们是聪明的、敏锐的人，他们所处的企业文化是品牌渴望与用户进行深度连接——这种文化使用目标受众的语言，反映目标受众的时尚潮流，体现着目标受众的态度。从本质上说，营销推广和内容体验是真实的、迷人的、有机结合的、相互关联的，能在关键性的细节上打动人心。而除此之外的任何做法都是有缺陷的，是呆板僵化的。所以，成功就必须依赖于探索，比如对神经科学的研究和学习。社交媒体并不是唯

---

① Jay-Z，原名肖恩·科里·卡特（Shawn Corey Carter），美国嘻哈歌手、唱片制作人、企业家，曾被 MTV 评为"有史以来最伟大的说唱歌手"第一名，出生于 1969 年。本书提到的他与三星的合作发生于 2013 年。——译者注
② 创造者泰勒（Tyler, The Creator），原名泰勒·格里高利·奥科玛（Tyler Gregory Okonma），美国著名的说唱歌手、唱片制作人、平面设计师、视频导演 / 演员，1991 年出生在美国加州。《樱桃炸弹》（*Cherry Bomb*）专辑在 2013 年推出。——译者注

一的体验渠道，但社交媒体可以让这一代人的体验更真实，让他们更好地吸收相关的经验。

与米切尔的交流正是社交化设计中应做之事。它所激发的讨论促使我进一步思考。它让我自问一个困难的问题："我为这家公司做营销，但我相信这家公司的文化吗？"

你呢？如果你的答案是"不"，那么你做营销的动机仅仅是你对营销感兴趣吗？你正在推广的产品，你自己会用吗？为什么你会用？有一种可能是，你努力用很有创意的方式和用户建立联系，为他们设计体验，但是你并不认同公司的文化，所以这一切工作都会变得非常困难。随着时间的推进，你的力不从心会暴露得越来越明显，尤其是那些你倾尽全力想要影响的用户——他们会一眼看穿你。

社交化设计会向何处去

朱利安·米切尔在谈到体验时，有点像个未来学家，他带我仔细思考未来的营销，思考社交化设计与传统的知识有什么不一样。米切尔说：

> 到2025年，电视节目会变成简短的、片段式的节目，你可以直接把节目分享给你的粉丝。工作室、品牌和大V在Snapchat、Periscope[①]等平台上都会拥有自己的频道。社交媒体会正式成为社交娱乐，拨号式数字信息综合管理（Dial-up Curation）[②]将成为用户的内容体验。与此同时，用户会得到他们所支持的社交网络平台上的账户，这样各种社区将被打通，用户不需要转移平台。营销会成为一种形式更加自由的产业，由创意人、管理者、自由思考的远见者共同经营。这些人在讲述新故事、引入新风尚的时候会彻底抛弃刻板的企业用语。你自己的体验将随时得到真正的个性定制和信息集成，直接通过你的移动设备来完成操作。

---

① Periscope，流媒体直播服务运营商，2015年被推特收购，并在当年上线。——译者注
② Curation，数字信息综合管理，指网站按照一定的主题或关注领域对数字信息进行选择、保存、管理等综合处理行为，其目的是建立完善的查询机制和提供可靠的参考数据。——译者注

视频会呈现为 3D 和 VR 的体验方式。我们会看到 VR 在音乐活动现场，比如音乐节和巡回演出中发挥重要作用——它可以把用户通过数字化的方式传送到舞台前，打开另一种体验。每个人都可以通过移动设备参加有奖摄影影像。空间迅速饱和，营销会转向视频直播——这样可以增加时长和曝光度。我能预见人们最终会进入一个新的空间，在这里他们可以轻轻松松地自主进行全天候的直播。

如果米切尔的预测是正确的，我们的生活会像那部史上最具争议性的纪录片《公共生活》①里所描述的那样吗？这部影片讨论了人们出卖隐私以获得持续关注的现象。其中的寓意是深刻的。这种关于未来的观点会如何重塑媒体？如果任何东西都可以直接上传，我们是不是还需要一个守门人？

如果这就是我们正在走向的未来世界（暂时先忘掉营销吧），我们整个世界将会被重构，我们栖居于其中的方式也将被重构。

下一次浪潮：后社会化设计化

> 我们将不停止探索
> 而我们一切探索的终点
> 将是到达我们出发的地方
> 并且是生平第一遭知道这地方。
>
> ——T.S. 艾略特（T.S.Eliot），
> 《四个四重奏》（像预言一般发表于 1941 年）

1998 年，麻省理工学院媒体实验室的信息技术权威尼古拉斯·尼葛洛庞帝（Nicholas Negroponte）在《连线》杂志上发表文章说："我们现在处在一个数字化时代，数字化的程度已经达到我们的文化、基础设施和经济（按这个顺序）所能

---

① 《公共生活》（We Live in Public），又译为《众目睽睽》，是由美国导演欧迪·蒂莫内尔（Ondi Timoner）拍摄的一部反映互联网对于我们生活的影响的纪录片，2009 年上映。——译者注

允许达到的最大程度。但是最让人感到惊奇的变化发生在别的地方，发生在我们的生活方式中，发生在我们进行集体管理的方式中。"实际上，在过去的 50 年里，我们作为营销人已经经历了很多变化。我们从平面媒体走向广播，走向电视，走向大型媒体集团，走向互联网，走向社交媒体和移动设备，从实体世界走向虚拟世界。现在我们正在经历所谓的"飞镖效应"①。在这种效应的影响下，由于数字技术的渗透，我们又绕了一个大圈，重新回到现实和模拟信号的世界中。

由于物联网的出现，激动人心的事情即将发生。实际上，从 2016 年起，短短十年内，营销的运作方式可能会重蹈收音机的老路。当传统的营销人还在慢吞吞地琢磨数字化营销手段的时候，颠覆性营销人就要回到现实世界大显身手了！

颠覆性营销的轮回

正如艺术是生活的模仿一样，技术也在模拟生活和艺术，理解这一点非常重要。很多追随艺术潮流的营销人都会看到，技术的世界让我们重新理解体验现实世界的方式。而问题在于，当现实世界数字化以后，颠覆性营销人已经走向"后数字化"的空间。

杰弗里·科隆
@djgeoffe

在后数字化世界里，营销人使用一切工具，而不仅是数字化工具。
#disruptivefm

2016 年 2 月 21 日 20:05

---

① 飞镖效应（boomerang effect），又称"飞去来器效应"，在社会心理学中指行为反应的结果与预期目标完全相反的现象。——译者注

当电子商务成为商业社会的一部分，数字技术中的媒介本身对营销人的吸引力已经没那么大了。"后数字化"并不意味着数字化时代之后的生活，而是描述了一种机会：去探索数字化如何与人性相互作用、相互影响的机会。

我们对后数字化的研究关注的是我们与数字技术之间快速发展的关系。这里说的不仅仅是人要变成数字化的人。如果你把数字化和后数字化进行比较，差异主要在于现实中的经济因素。我指的是，即使在一个技术爆炸的世界里，也是通过人在实现社会的连接，而不是光凭技术就能实现。

在后数字化的世界里，颠覆性营销人把数字化看作是他们工具库中的一种媒介。你需要为特定的任务使用相应的工具，而颠覆性营销人不会仅仅因为获取高科技工具十分方便就去选择它。实际上，数字化的选择未必就是与目标受众进行沟通的最佳手段。最新的数字化工具有时会无法产生理想的效果，因为不是所有人都对它们感兴趣。

这是后数字化时代的基本原则。如果我们看一看新兴的趋势，其中肯定包含着某种创新，它们都是用来处理人际关系连接的，能够满足人们对一个更美好的未来世界的渴望。理解这一点的营销人更有可能采取行动，通过重视用户体验和对用户的培育过程，从而与用户建立深度连接，而不仅仅是诱导用户直接下单。颠覆性营销人对人的兴趣和他们对技术的兴趣一样大——甚至比那些所谓"数字化营销人"的兴趣可能更大一些。

与这种后数字化时代精神保持一致的领导者们可以对人性中的真实感受进行开发利用，并把这种开发一直延续到2020年之后。但谁会是这种后数字化领导者？他们代表着世界中的一个交叉领域——艺术家，用户，企业所有者，学者，技术人员，官员，学生，千禧一代，Z一代，X一代，Y一代，C级执行官，企业家，开发者——每一个人。

DISRUPTIVE MARKETING

第四部分
颠覆性营销人的四大核心技能

第 9 章
核心技能 1：一直保持倾听

> 没人喜欢一觉醒来就看见一堆广告。
> 也没有人在睡前还惦记着第二天会看到什么广告。
> ——詹·库姆（Jan Koum），WhatsApp 联合创始人

你在 YouTube 上看过《拜金一族》（*Glengarry Glen Ross*）的片段吗？这是我最喜欢的电影之一，亚力克·鲍德温（Alec Baldwin）在其中扮演布莱克。布莱克是一个房地产公司的销售员，老板派他提振众人的士气、提升公司业绩，而现在的销售团队是一群倦怠的、缺乏冲劲的人。在这部电影最为紧张的一幕中，布莱克用非常残酷的、没有任何鼓励性的语言严厉责骂团队：

> 你们有意向客户的销售线索，米奇和墨菲给你们花了大钱。去拿到那些客户的名字，卖给他们。你要是无法接近他们，你就什么都做不成。你们要是撞了墙就使点劲撞，不撞你们怎么能走出去。

团队抱怨说，销售线索都太模糊。于是，布莱克粗鲁而又自负地解释了销售和营销的工作法则。他用了一种简单到二年级小学生都能听懂的语言，指着一块黑板说："ABC 法则：A，Always（一直）；B，Be（保持）；C，Closing（接近）——一直要靠近。AIDA：A，Attention（引起注意）；I，Interest（诱发兴趣）；D，Decision（产生决定）；A，Action（促成行动）。①"

---

① AIDA 是营销学上的重要模型，也称"爱达"公式。——译者注

这是经典的拦截式营销的核心。但它已经不太起作用了。

拦截式营销与颠覆性营销

拦截式营销的时代结束了。不过,《广告时代》杂志总编辑肯·惠顿（Ken Wheaton）对此并不完全认同。惠顿在2015年的一篇专栏文章中，抨击颠覆性营销人摒弃拦截式营销的做法：

> 媒体碎片化是我们今天面对的现实。它已经没法继续演化了，我觉得到了某种程度也许就会稳定下来，而实际上也很可能会是如此。但是有时这还是让人觉得难以置信，特别是当你看到这样一些事情的时候：电视机的回看功能，有线电视用户的退订，还有孩子们捧着那个藏在妈妈包里的"宝贝"(iPad)想看什么就看什么。

惠顿也许并不太喜欢颠覆性营销，因为他所在的出版业本身正在经历很多变化。惠顿接着说：

> 有意思的是，这些进行颠覆的人对"拦截"的理解有很大问题。这是传统营销的问题。传统营销居然敢在人们每天的日常生活里用各种蹩脚的手段"拦截"客户，比如电视广告、平面广告和直邮广告。和这些人不同，我们使用一种更礼貌的方式——"不好意思打扰一下"，直接瞄准客户，绕到他们身后去悄悄地说一些类似这样的话："我们要把他们整个地颠覆掉。要搜刮他们所有的数据，然后在网络上悄悄跟踪他们。他们甚至永远不会知道他们已经被精准地投放了广告。"这种颠覆者造成的另一大问题是，他们让营销人觉得老式学院派的广告和营销手段里面包含了很多丢人的东西。你不能拦截客户，你应该吸引客户。

惠顿关于数据和重新定位目标的说法与颠覆性营销理论是冲突的。他的观点并没有触及到核心问题：作为营销人，我们最终的目的是通过文化与人们建立连接。与人们建立连接要求社会认知，这要求我们与用户要就世界的某个方面展开对话，而不是单纯的销售，也不是拦截他们来获得他们的注意力。这将超越单纯的账面盈亏。惠顿在他的专栏中提到，如果企业想进行有效的营销，则必须刺激人们进行购买。虽然销量还是衡量商业成功的标准，但颠覆性营销人认为它已经不是评价营销的标准了。

杰弗里·科隆
@djgeoffe

你有两只耳朵一张嘴，这是有原因的。你应当一直保持对客户的倾听。
#disruptivefm

2016年2月21日 20:08

颠覆性营销的新标准

如我之前所说，很多颠覆性营销人把增长排在第一，而把销售排在第二。还有一些人把对话排在第一，销售排在第二。回到我和弗兰克·罗斯的对话中考虑这些问题，这意味着营销人员和销售人员需要具有颠覆性，因为它可以从个人的视角把事实串联起来，找到他们想要的答案。但如果客户没有像企业所希望的那样，把事实串联在一起并获取解决方案呢？从颠覆性营销的角度说，这也算不上失败。这说明了有更多数据向你指明了提升服务的方法。

广告难以延续这种方法，因为它并不是对人群说话，而是对人群吆喝。惠顿关于拦截的分析只能适用于"撒网式营销"（spray and pray）的年代：首先，你在所有的地方散布你的信息，以此拦截受众，然后你就祈祷有受众会购买你的产品。

在社交网络上精准定位受众，在搜索引擎中找到意向客户并投放广告，这些做法消灭了"撒网式营销"。颠覆性营销人不需要触达广大受众，因为他们不需要吸引广大受众。我们用显微镜来瞄准我们的受众。吸引受众进入对话的最佳方式是颠覆布莱克在《拜金一族》中的模式，也就是 ABL 模式：A，Always（一直）；B，Be（保持）；L，Listening（倾听）。一直保持倾听，这就是我们人类拥有两只耳朵一张嘴的原因。

在营销的世界中，倾听比讲述更有力量。

说话和倾听的不同影响

这种可以实现销售的 ABL 模式，重点在于倾听，而不是说话。数据给了颠覆性营销人关于用户需求的指示信号，于是企业可以回过头去制造、重新设计或者改进其产品。只关注消息传播是营销上过时的看法。

苏珊·凯恩（Susan Cain）在她的经典作品《内向性格的竞争力》（*Quiet*）中阐述了这种颇具影响力的思想。凯恩说，大多数传统营销人可能忘了，在西方世界中，人们已经从"性格的文化"变成"人格的文化"。在新的文化里，对你的印象，也就是别人怎么看你，别人怎么理解你，比你的性格更重要。当这种理论应用到拦截式的营销和广告时，似乎营销人可以通过一直说话、一直在场、一直快速推进的方式强迫受众倾听，然后引导他们购买。

我对喧嚣世界中的这种看法持有不同意见，我的依据来自于凯恩的研究：在我们的社会里，我们有一种内在的偏见引导我们相信，擅长说话的人会是更好的领导者，尽管事实表明并非如此。她在书中说：

> 我们总是认为侃侃而谈的人比安静的人更聪明，但是平均成绩绩点[1]、SAT 考试[2]和智商测试成绩表明这种观念并不正确。在一项实验中，两个陌生人通过电话沟通，说话更多的人会被人认为更聪明一些，更容易受人喜欢。我们也经常把善于言谈的人看成是领导者。一个人说得越多，团队中的其他成员越会

---

[1] 平均成绩绩点（grade-point average，简称 GPA），美国学校评估学生课业成绩的一种方法。GPA 的计算一般是将每门课程的绩点（一般 1-4 分）乘以学分，加起来以后除以总的学分，得出平均分。——译者注

[2] SAT 由美国大学委员会（College Board）主办，其成绩是世界各国高中生申请美国大学入学资格及奖学金的重要参考，它与 ACT（American College Test）都被称为美国高考。——译者注

注意到他，如果会议一直持续下去，他的影响力会越来越大。说话速度快也会有优势。我们评价语速快的人比语速慢的人更有能力，也更有吸引力。

如果凯恩的观点是对的，未来的顶级品牌会变得沉默寡言；相反，它们的受众（它们的客户）会成为发言者，而我们营销人会成为倾听者，依据客户大声说出的需求打造产品。丽贝卡·卡尔森和埃里克·德拉姆也同意这一点，基于凯恩的数据，企业使用社会化倾听（social listening）的方式是缺乏效率的。

"我们花了大量时间完成一份关于倾听的研究报告，然后把60页厚的报告呈现给客户，而客户的反应就是'谢谢你们把它们整理在一起'。"德拉姆沮丧地说，"然后在你和他们的下一次讨论中……当你问起他们是否得到了在此基础上行动的某种洞察，他们摇头说没有。即使你在研究报告中得到某种可以用于行动的洞察，还是不会有什么变化。"换句话说，品牌只会聒噪下去，担心他们一旦停止说话，人们就会忘记他们说过什么。

卡尔森认为很多企业都没有运用社会化倾听的艺术：

> 谈到商业洞察，我总是希望企业能够使用社会化倾听来辅助商业决策。我曾为一家客户企业服务，他们仅仅瞄准男性作为目标用户。我们告诉他们，他们30%的受众是女性，说明可能有更多的女性会为家人购买其的产品，或者至少有兴趣看到产品出现在某个特定的场合。数据可以证明主观臆断和内在偏见的错误，这总归是一件好事。

数据、情商和社会化倾听

关于社会化倾听还有一件重要的事。由于技术原因，它并不是一门精确的科学。德拉姆说："当人们认真审视社会化数据的时候，他们会把人性因素排除掉。"他补充道：

> 工具在解读情感和分析人类文化方面还有很多力所不及的地方。是的，这是劳动密集型的工作，但是你不能只看数字，你需要用情商来评估当前正在发生的事情，而数据分析师们不会具有这么人性化的觉知能力……更何

况,谁都可以每月付费给斯索摩①来了解自家品牌网络查询数据的变化情况。品牌一想到数据,想到的就是要付钱给 IBM,使用类似天网②的服务器,动辄 2 亿美元。这并不是事实:数据是廉价的,而且它只会变得越来越便宜。

杰弗里·科隆
@djgeoffe

现在到处都有客户行为数据,你会怎么使用它?
#disruptivefm

2016 年 2 月 21 日 20:13

数据量现在如此丰富,而且通过 API 获取数据,会变得越来越便宜。尽管如此,现在我每次去参加营销会议,都会看到一些让我不敢苟同的事情。我通常在会议的第一天,在开幕致辞后的第一场演讲中,就开始摇头。演讲人随着幻灯片的播放,使用了大量流行词汇,例如"参与""对话"和"放大",但他们的实质内容,还是在吹捧线性的用户体验过程。虽然演讲人高声宣讲"为什么与受众建立连接是如此重要",但我还是认为,即使他们希望表现出与客户连接的意愿,实际上他们的手段与传统营销人的广告手段之间并没有什么区别。

这些用户体验过程,以及展现这些过程的营销人,在涉及传播设计、冲动、行动、反应和触发点时,都有一种把人类的理性简单化的倾向。正如一些行为经

---

① 斯索摩(Sysomos)是总部位于加拿大的一家社会化媒体的监测与分析公司。它的主要产品媒体分析平台(MAP)通过发掘、监测和分析社会化媒体的内容和用户原创内容,形成媒体覆盖分析。——译者注
② 天网(Skynet)是美国系列科幻电影《终结者》中的一个非常强大的人工智能防御系统,后来具有自我意识,与人类展开了生死搏杀。——译者注

济学家所说，事情并不是这样的，完全不是。这些学者中就有《"错误"的行为》（Misbehaving）一书的作者理查德·塞勒（Richard Thaler）。

颠覆性营销人的优势：认知的私语

传统营销为人所诟病的一点就是它把人分门别类，进行目标人群切割，然后定向推送内容，以为这样客户就会去看。传统的营销人并不理解网络行为的巨大能量。图 9-1 的演示非常具有视觉冲击力，表明在 2012 年至 2014 年中，一些典型的网络行为在 60 秒内发生的次数。这些数字在那三年里还呈现出指数级的增长。

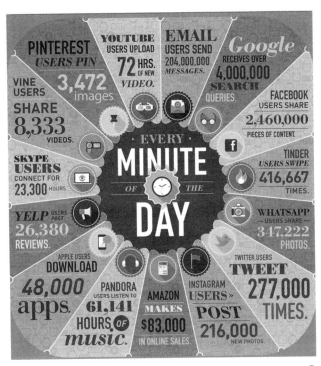

图 9-1　一分钟之内，互联网上发生了什么？2012～2014①

---

① 关于本章中"互联网上一分钟都发生了什么"，读者可在网上搜索知名 IT 网站 Qmee 以《一分钟之内，互联网上发生了什么？》(what happened online in sixty seconds) 为题发表的图片。该网站自 2012 年至 2014 年连续三年发布相关主题图表。相关情况中文版可参看 2013 年 8 月 1 日和 2014 年 7 月 15 日两篇标题为《一分钟之内，互联网发生了什么？》的网络文章。——译者注

由于所有这些行为，颠覆性营销人获得了一种使用"认知私语"（cognitive whisper）的优势。不错，你需要发布内容和故事来触达你的目标受众。但是在你点击"推送"之前，想一想你构思故事的出发点是什么。如果你的态度是："这是我想告诉客户的，这是我们想要叙述的故事，这是我们想要控制的诉求"，那么，请考虑以下三个问题：你是不是对用户没有隐瞒，做到了公开透明？你提供的信息是不是真实可靠的？你是不是把用户看作品牌的协作者？这些是用户想从品牌获得的三种特质，他们不希望被说教。

ABL 模式抓住了用户的心理。你可以发现他们正在寻找的东西，你可以精确定位他们无法找到答案的问题。

而接下来，你就可以用针对用户的、与问题密切相关的内容触达他们。

ABL 模式是如何发挥作用的

你在使用 ABL 模式吗？我来告诉你它是如何发挥作用的。

有一些企业会询问如何改进他们的营销，我会为这些企业提供倾听报告。这些企业涵盖了：

- 财富 500 强企业——企业试图从一个传统营销模式转向使用大数据的现代营销模式，以此获得与受众的实时对接。
- 中等规模企业——企业试图寻找适合快速增长所需要的营销技术和战略，这些企业是相对年轻的企业。
- 创业型企业——企业试图寻找对它们最为有效的营销手段。它们可能面临预算或资源短缺的问题，但是它们有足够的系统增长，它们必须快速从入式营销转向推式营销[①]。

提出问题的人涵盖以下职位：

- 财富 500 强企业——市场部经理、市场总监、首席市场官。

[①] 推式营销（Outbound Marketing），利用广告牌、电视、电话、邮件、电台等方式进行的营销。——编者注

- 中等规模企业——市场总监、搜索广告经理、内容策略专家。
- 创业型企业——增长黑客。

下一步，我找到这些人比较感兴趣的相关数据，就整个网络环境而言，这些数据涉及社交网络中如下方面的内容。

- 内容营销
- 大数据
- 社交媒体
- 播客
- 视频
- 企业品牌故事
- 艺术
- 文化
- 技术
- 体育
- 零售
- 旅行
- 金融
- 女性话题
- 志愿活动

下面是我列出的用户在推特上经常关注的新闻站点：

- 彭博
- 彭博西方[2]
- 哈佛商业评论
- 领英旗下的 Pulse
- 快公司
- 《纽约时报》科技频道
- BBC 科技频道
- 《赫芬顿邮报》科技频道
- 市场观察[1]
- Vice 新闻
- Mashable
- TechCrunch[3]
- 财富
- Marketplace
- 福布斯
- Recode[4]

---

[1] 市场观察（*Marketwatch*）是美国知名财经网站，创立于1997年，2005年成为道琼斯公司全资子公司。主要面向中小投资者提供重大新闻报道。——译者注
[2] 彭博西方（*Bloomberg West*）是彭博媒体集团旗下的彭博电视台 2011 年推出的一档报道科技、创新和商业的电视节目，2016 年更名为彭博科技。——译者注
[3] TechCrunch 是美国关注互联网和创业的重量级博客媒体，由迈克尔·阿灵顿（Michael Arrington）于 2005 年建立。——译者注
[4] Recode，美国知名科技新闻信息网站，创立于 2014 年。——译者注

- Buzzfeed
- CNBC②
- The Verge①

伴随这些（以及更多）信息的来临，出现了新的构思故事的创意方式。比方说，如果（基于社交媒体数据）从目标受众的行为上看出来，你所销售的产品并不是他们正在寻找的东西，你就根本不需要再像以前 ABC（一直要靠近）模式那样拼命做广告了。有一些其他的角度和方法本身与营销无关，但仍然是有吸引力的（如艺术、文化、技术等），而且使用起来会更有效果。

在未来，使用 ABL 模式，颠覆性营销人并不需要为了效果而去做实时营销③。我知道，你现在可能会挠头，因为你以前学到的都是：实时营销是一列货运列车，列车跑得快，全靠（你挂上去的）车头带。但实际上，这列车几年前就开走了。我要告诉你：不要这么做了。营销已经发展变化，进入了一个需求导向的世界。作为一个颠覆性营销人，你需要为此做好准备。

按需营销

数字化营销即将进入一个新的领域，这个领域很大程度上类似于 Netflix 的"刷剧"模式④。当你发现一个想看的剧集，你点进去，然后收看整季。移动设备

---

① Verge，美国一家以科技新闻为特色的网站，由 VOX 传媒控股，于 2011 年上线。——译者注

② CNBC，美国 NBC 环球集团旗下财经有线电视卫星新闻台，全球最知名的财经媒体之一。在 1991 年前，频道全名为"消费者新闻与商业频道"（Consumer News and Business Channel），之后只使用 CNBC 的缩写，不再赋予此缩写任何全文意义。1989 年开播，总部在美国新泽西州。——译者注

③ 实时营销（real-time marketing），根据消费者个性需求，为其提供商品或服务，消费过程中自动收集顾客信息，分析消费者偏好，自动调整产品或服务，实时适应消费者变化的需求。——编者注

④ Netflix 是一家知名的美国娱乐公司，提供流媒体播放、在线 DVD 点播和 DVD 租赁服务。Netflix 的"刷剧"模式（binge watching），指在一个长时间跨度里连续收看电视或视频节目。Netflix 在 2014 年的一份调查中说，73% 的人把"刷剧"定义为"连续收看四期以上的节目"。这种长时间收视现象随着在线视频的发展日益突出。Netflix 调查中有 61% 的人承认自己经常"刷剧"。——译者注

赋予消费者更多的权利，营销同样沿着用户需求的方向发展——不必一直保持营销状态，也不必保持实时营销状态。营销会跟在用户行为后面亦步亦趋，会对每个个体提出的参与体验需求进行回应，并通过微观上的准确定位排除干扰因素。

类似必应这样的搜索技术推动了响应需求场景的出现。此外还有手机 App、社交网站等，这些都为用户创造了一个"在任何时间做任何事情"的环境，使得产品信息极大丰富。此外，除了营销信息，还有很多东西正在推动着响应需求行为的发生。你在亿客行[①]上订购一张飞机票，这是便捷的消费行为，而不是营销行为。数字世界的其他版块，就像相关产业里除了营销以外的其他部分，它们才是主要影响人们对企业的体验有所期望的部分。

而这仅仅是个开始。在我们的面前展现着一个移动增长和物联网的景观，展现着互联设备和微软小娜、Google Now、Facebook 的 MoneyPenny[②] 所应用的场景。我们正在进入这样一个世界：在搜索框里输入搜索指令显得非常过时，我们已经可以用语音、手势和图片来进行搜索。实际上，一些搜索引擎已经开始允许用户上传图片到一个很大的公用信息库里，搜索可能会由此变成用户原创内容的全新世界（想想看，从 Shutterstock[③] 发展到 Flickr[④]，再发展到维基网站）。现在苹果的 iOS 界面已经允许手机等设备通过云端快速地分享图片，同时也可以通过指纹识别进行支付。

不过，能够改变营销的最大发展机会是在可穿戴设备上。我们还没有看到它在营销上的威力，但是我们正在进入一个转折点，类似苹果手表这样的产品将改变人们的体验，并最终影响营销。和以前网站卖衣服需要展示产品图片不同，人们将可以虚拟试穿产品，看看那些牛仔裤穿上去是什么效果，然后简单地一划手

[①] 亿客行（Expedia）是全球最大的旅游网站之一，成立于 1997 年，总部位于美国华盛顿。2004 年成为中国旅游网站艺龙的最大股东，2007 年通过艺龙进入中国市场。——译者注
[②] Moneypenny 是 Facebook 开发的一个虚拟语音助手。——译者注
[③] Shutterstocks 是著名的摄影图片、摄像胶片和音乐素材及编辑工具的经营网站。它拥有海量图片存储和大量的签约摄影师及摄像师，采取对公众收费服务模式，且价格较高。——译者注
[④] Flickr，全球知名的图片分享网站。——译者注

指,把图片分享给朋友们,并获得他们的评价反馈。只有当他们收集到很多好评之后,他们才会决定购买。

在未来的几年里,我们很可能会看到,用户体验会飞快地实现现实和虚拟环境的整合。当前正在得到发展的一种技术是近场通讯(Near Field Communication,NFC)——在手机中植入芯片,从而允许和兼容NFC功能的其他设备进行连接和数据交换。信标(Beacon)技术会在你进入到某一家店铺的时候识别你,然后你手机端的NFC功能会根据你的浏览历史,按照你的身材和偏好的色彩向你展示服装产品。

实际上,沉浸式体验会以各种意料之外的方式进入按需营销的世界里来。

案例
无法打破的圆环

这是一系列消费者场景,再过5年它将成为主流的消费场景。

场景1:奥莉去看一个朋友,非常喜欢朋友的马克·雅可布[①]手包。她把手机放到耳机上轻轻敲了一下,因为手机和耳机都有NFC功能。

场景2:奥莉的手机马上提示她给自己的身体照相,接下来,它演示了同样的手包挎在她肩上会是什么样的效果,她还试了一下其他颜色的效果。奥莉甚至可以改变她上装的颜色,这样她就可以看到,在不同的着装下手包的效果会是怎样的。

场景3:奥莉把相片通过Facebook分享给朋友们。她使用了一个叫BevyUp[②]的手机App,然后她开始调查朋友们是否喜欢这个手包。

[①] 马克·雅可布(Marc Jacobs),著名设计师,曾为LV、香奈儿等时尚品牌服务,1963年出生。现在也拥有个人品牌Marc Jacobs和Marc by Marc Jacobs。——译者注
[②] BevyUp是一家为帮助客户建立与顾客关系、搜集顾客反馈的营销公司,成立于2012年,总部在美国西雅图。——译者注

场景4：与此同时，一条来自亚马逊网站时尚频道的通知发送到奥莉的手机上，告诉她如果她在亚马逊上购买这个手包，并注册一个Prime账户——她现在还不是亚马逊的Prime会员——她可以得到20%的折扣。奥莉用一键认证的方式完成注册，通过一个API接口把她的美国运通卡账户与亚马逊账号绑定在一起。

场景5：奥莉的朋友们喜欢棕色的手包，于是她下了单。

场景6：第二天，手包送达。亚马逊问奥莉是否愿意在Instagram上发布一张给手包"开箱"的照片，加在"#亚马逊开箱"话题之下，这样她在下次买东西的时候可以得到10%的额外折扣。

场景7：当奥莉见到那些参与手包投票调查的朋友，手袋里植入的NFC芯片会给她的手机发信息，提醒她注册亚马逊Prime账号，在第一次购物时会有20%的折扣。

场景8：每周奥莉会收到一条提示，告诉她在"基金会"（Foundation）会有什么活动。"基金会"是西雅图的一家夜总会，奥莉经常去玩。"基金会"和亚马逊时尚频道有合作关系，它告诉奥莉，如果她带着手包去夜总会，并且发布一张带有"#基金会星期五"（#Foundathon Fridays）话题的照片，她可以获得一个月的VIP资格。在她进门的时候，具有NFC和信标功能的电子看板在入口迎接她的到来。

场景9：在夜总会里，马克·雅可布给奥莉的手机发送了一份Spotify歌单，是根据她的品味为她量身推荐的。

场景10：下一次奥莉出现在诺德斯特龙①门店里，她的手机收到一条提醒，她可以在门店喝一杯免费的饮料，这是马克·雅可布网站的礼物，她接受了，在炎热的夏天享受了一杯冰凉的柠檬汽水。

---

① 诺德斯特龙（Nordstrom）是美国高档连锁百货店，主要经营服装、饰品、箱包、珠宝、化妆品、香水、家居用品等，1901年在美国西雅图创立。——译者注

奥莉的生活场景说明了一点，颠覆性营销人需要从现在就开始打造按需营销的世界，并为它编写各种营销程序。按需营销的世界是灵活变动的，它的很多特性都与人类的行为相契合：

- 客户紧迫性
- 客户即时性
- 客户联系
- 客户个性化
- 客户简便性
- 客户互动（帮助优化数据占位，提高生产率）
- 数据整合（更好地帮助制定决策）

这些特性同样要与内容相契合，例如音乐——我们在思考客户参与的时候并不是经常能想到它。音乐是少有的几种具有普适性的品牌语言之一，但很少被大量品牌使用，除非有的品牌会购买授权，把音乐用在电视广告里。但是颠覆性营销人认识到，不同形式的内容相当于不同形式的资产，可以帮助它们建立起和受众之间的"感情"。为了赢得那些需求导向型客户的支持，你必须了解他们，包括他们期望什么、什么能对他们起作用。然后，你需要通过正确的互动方式触达他们。在建立这种理解的实施过程中，很多数据隐藏在核心部分里——它们定义了趋势，把趋势融入到具体情境中，评估在消费者决策过程的关键节点上采取行动、进行投入的效果，也说明了个体在这个体验过程中一步步推进的原因和方式。

但是，不要以为有了大数据分析就万事大吉了。记住，数据代表着人的行为，而人不断地通过行动产生数据。因此，我们需要颠覆性营销人不断打造大数据的光明世界，使它有朝一日成为真正强大的武器：洞察（insight）。

第 10 章
核心技能 2：不为光彩耀眼的目标所诱惑

一个企业不应该沉醉在光芒中，因为光芒往往转瞬即逝。
——杰夫·贝佐斯，亚马逊网站创始人

大数据是热度很高的商业新词，在营销界随处都可以听到。大数据本身没有问题，问题也不在于数据量，而是出在大数据的使用方式上。

> **案例**
> **提出正确的问题**
>
> 一天晚上，在曼哈顿的一个夜场酒吧，朋友把我介绍给艾莉森认识，后来她成了我的妻子。我问她平时喜欢做什么——不是她做什么工作，而是她喜欢做的事情。如果我问的问题是前者，我想从中获得的信息会是不一样的。
>
> 我的问题触及了要害：真正驱使人们去行动、去生活的动机是什么？工作只是生活的一部分，它不是生活的全部。我们总是忘记这一点，如果我们要对自己下一个定义，经常会说我们靠什么谋生，而不是我们在生活中做些什么。一个人在某个特定时间点上做了什么谋生之事，并不意味着她会永远做这件事。情况总是会变化的。

大数据的问题

是什么在驱动着人们？理解了这一点，你就可以挖掘他们的情感，进而你就知道你是否可以和他们建立连接。很多传统的营销人并不会问这样的问题。他们以为自己已经从市场调查所获得的大数据里找到了答案。

营销人和广告人喜欢追求高大上的目标，因为这显得他们好像切中了肯綮。但他们在追求的过程中，忘掉了目的是要建立持久的客户关系，而不是取得一次短暂的胜利。这也是为什么我会问我未来的妻子她喜欢做什么。工作来了又去。如果你基于工作职位选择一个伴侣，当那份工作不在了，你还能留下什么？想和一个人长期相处下去，更好的理由是欣赏对方的性格，而与工作职位没有关系。对于伴侣以外的其他关系来说，也是一样的道理。

这个目标有时难以达成，上天好像更青睐那些追求高大上目标的、性格外向的人，为他们注入更多能量。然而，我们还是应该听一听性格内向者的想法——安静的创意人和数据哲学家们，他们清楚如何把洞察转变成行动。

写到这里的时候我做了一个小实验，发现"大数据"一词在社交媒体上被提到的次数是955578次，时间是2015年4月1日至7月1日。

这仅仅是3个月的时间。如果保持这个水平，一年中这个词的曝光次数会达到300万次左右——而这仅仅是在社交媒体中而已。加上其他可能出现这个词的数字源，这个数字可能会增加三至四倍。

大数据的价值

史蒂夫·戈德纳（Steve Goldner）是社交媒体上的活跃博主。我曾经住在新泽西州的枫木镇和南橘镇，他也曾在此落脚。他在推特和Wordpress[①]上的博客昵称都是"社交史蒂夫"。在这个转型时代，关于营销才能这个主题，他是最为直

[①] Wordpress是2003年发布的一款使用PHP语言开发的博客平台，同时，用户也可以把它当作是一个免费且开放的内容管理软件系统（content management system）来使用。——译者注

率能言的评论者之一。

"我认为在当今的营销世界里最重要的课题，可能也是我们觉得颠覆性营销能有所突破的地方，是它创造性地与数据联系到一起了，"戈德纳说，"很多更年轻的营销人还无法把营销与日常经营的KPI①联系起来。所以你还是要使用很多老的营销人，但他们都没有抓紧学习新的趋势和技能。这不是很多人都能掌握的技能。我打赌他们中的大多数人都需要读这本书。"大数据这个词本身把重点放在数据搜集上，把数据搜集当成闪亮耀眼的目标。尽管如此，大数据一词的重点可能是放在了错误的地方上。例如，为了搜集而强调搜集的做法就是误导性的。从营销的角度来看，重点应该是实实在在地建立数据导向的洞察，或者是一个在营销圈子里新冒出来的术语"洞察即服务"（Insights-as-a-service，IAAS）。

凯捷集团（Capgemini），一家法国咨询技术公司，把IAAS定义为从数据中获取价值。难道不是要把数据的搜集放在第一位吗？实际上，在大数据的世界里，搜集数据并不是目的，而只是一种行动。我们的目的是，通过对数据的分析获得战略性的洞察。

大多数传统的营销人深陷在数据搜集的泥潭中，而这个时候他们最需要的是从这些如山的数据中找到洞察。唐纳·克里斯坦森（Tanner Christensen），Facebook的产品设计师，《创造性挑战：设计、实验、测试、创新、建设、创造、激励并释放你的天赋》（*The Creativity Challenge：Design，Experiment，Test，Innovate，Build，Create，Inspire，and Unleash Your Genius*）一书的作者，他认为大数据让我们忘记了隐藏在数据大山里的是"谁"和"什么"。

> 人要比一组数据有趣得多，复杂得多。但我们所有人真的不是数据中的某个字节吗？我认为其中的差距是，我们如何实现对数据的获取以及数据的含义是什么。我们从一个数据库中抽取出来的信息可以极大地帮助到设计或者创意能力——它可以帮助我们判断趋势、找到异常点，并做出合理的决策。但是，我们把信息与行为和意图联系起来，这会有更大的影响

---

① 关键经营指标（Key Performance Indicators），简称KPI。——译者注

力。严格地说，这让我们有了更好的解读数据的方式。

从"数据"的角度严格地看待数据会造成局限性。如果加上这个数据最初发生的原因，对它产生影响的因素等，你就会得到一些能让你从中有所启发、有所学习的东西。从数据库中发掘数据，这会很好地照亮大的趋势或洞察，但是，你应该静下心找到，是什么造成这个数据最初的发生，"是因为某个人今天过得不顺？是不是有什么文化背景？是不是有什么误导的东西或者让人困惑的地方？这数据之后的意图是什么？"若非如此，你会对很多影响你工作的东西视而不见。

常规营销的终点

如果我们揭去闪亮的大数据标签，我们看到的只是传统的营销和墨守成规的手段。如果我们反对这种思维，我们必须要反对河马人。这里不是说动物，而是"高薪个人意见"（Highly Paid Personal Opinions，缩写 HIPPO 与英文"河马"的拼写相同）。我们从设计学习中知道，有最高工资或者最高头衔的人未必就能做出最佳的商业决定——特别是终身制变得没有意义，而且每个人都有机会利用他或她的指尖终端获得丰富的信息。

在商业社会里，那些大的、闪亮的、发光的东西能够一开始就存在，河马人也是一个原因。如果你的奖金与这些特质有关，你就会推动商业往获得这些特质的方向发展，尽管它们可能对商业没什么意义。那些 C 级领导或者高级别经理可能不喜欢我这么说，但是道理不辩不明。除非辨明道理，否则你无法进步。

数据驱动的决策要与创意性的解决方案结合，针对这个话题，我进行了很多写作和多次演讲，而且我觉得并没有一种单一的、最佳的途径来实现它。如果你仅仅进行数据驱动的决策，你会缺乏创意性的执行。而如果你仅仅进行创意性的决策，你会忽视那些数据，但你需要这些数据来衡量你的策略的影响力，判断这种策略是否有效。对我来说，聪明的创意应该是分析与创意各占 50% 的混合型思想的成果，这样才能构筑完美的商业世界。数据是闪光的信号灯，而创意是打开机会的钥匙。这对所有的产业都是有效的，从工程机械到医药行业，从电影制作到教育行业，以及在其中的所有的东西。

未来在决策中的数据

那么，我们在未来应该如何运用数据来重新评估决策的层级呢？2015年8月，在纽约布鲁克林，我把大部分的时间都花在这本书上。作为我研究的一部分，我约见了很多老朋友老相识，他们正在不同的行业中工作。我想要问他们，谁是他们领域里的决策人。我问了他们每个人一个问题："在你工作的地方，是否有一个严格的工作层级，或者是否有一个灵活的精英体制？"如果他们的回答是"工作层级"，我会继续问："从客户关注的角度看，这种层级束缚是否降低了营销的影响力？"

超过一半的人给了我回复，其中有类似这样的答案："杰夫，情况太糟糕了。有很多人头衔很高，拿着高薪水，办公室房间独占一角，他们告诉每一个人要怎么去做，完全基于他们自己的意见或者直觉性的想法。"所谓客户关注的想法在他们的办公室里仅仅是一种空口白话。

显然，并不是每个地方都是这种现象，但在我问到的20个人里，有一半给了这样的回答。在这些案例中，组织结构图里的层级架构——当前的汇报体系和层级化的职位角色——导致颠覆性营销找不到任何施展之地。对于颠覆性营销人来说，好的消息（同时也是那些寄生于传统组织结构的人的坏消息）是，这个世界即将发生巨变。

像亚马逊、Facebook、微软这样的科技公司，还有很多创业型公司，正在拆解它们的组织结构图。在不久的将来，数据将决定一个人在工作中会产生多大的影响。它也将会帮助人们在工作失误的时候进行实时的方向调整。当这种彻底的转变发生时，很多人会感到高兴，因为他们可以赶上这样的趋势——基于数据来调整解决方案，而不是基于想象、偏见或者预定的角色。全世界的人都在抛弃预设的角色限制，包括性别、种族和阶级，我们为什么要束缚自己，把自己限制在应该如何工作的过时框架里呢？河马人和工作层级模式确实对企业不利。虽然我并不想对以往的经验做出批评，但我同意下面的说法［下面的话没有确切的来源，但经常被归为爱德华·戴明（Edwards Deming）所说］："没有数据，你就只是另一个有想法的人而已。"数据让那些固执己见的传统营销经理们吓坏了。他们制定战略决策的方式是："我一看就知道是不是一个好的营销计划。"为什么？"因为我有20年的经验，这让我知道好的营销计划应该是什么样的。"

任何工作都需要技能的组合，从思考到协调，到创意，再到执行。在未来，越来越多的执行工作将会由软件——而不是人——来完成。这没有什么不对的。在我们的创意经济中，自动化将把我们解放出来，让我们有更多时间做别的事情。当很多人追求闪亮、耀眼的目标时，他们将会失去必要的好的营销：与其他人协作，发展创意想法，并让那些想法开花结果。

正在到来的营销改造

我有一位微软时候的同事，非常有想法，喜欢讨论营销领域的问题。他很善于平衡团队的阴阳——团队里有很多极端激进主义者（包括我）和极端保守主义者（不直接指名，以保护无辜的人）。他就是马修·伍德吉特（Matthew Woodget），是微软商业解决方案部门的高级产品营销人和文案。他曾经是一名工程师。

以一个圈外人的身份观察并改造营销，马修是一个最好的案例。马修和我谈论过——通常一人一杯啤酒坐在微软园区的酒吧里——要是在西雅图夏天的晴天里，这种谈话可以一直持续下去。在一些话题上，他的观点让人大开眼界，是应该追求闪亮、耀眼的目标，还是应该追求和谐的平衡，并通过大数据不断重新确认机会，并由此修正目标：

> 和生活中所有的事情一样，平衡是一种关键。毫无疑问，不论在过去还是未来，技术都会持续强化营销定位和传递的过程。但是，内容会一直需要人们的接触。也就是说，除非你计划把你的营销目标定位在机器人身上……但只要那天还没到来，人们就需要体验连接的感觉，并在与企业的互动中了解自己想要什么。

在现在这个世界里，机器学习和人工智能还无法实现讲故事。归纳总结大量的概念，发展新的想法和比喻，并预测其他人会如何感觉（神经系统学家称之为"心智理论"①），这些能力都是非常独特的人类品质。通过这些能力以及其他能力……我们可以创造……内容并把人们联系起来……我们如何以个人方式触达这些人群，并且是成规模地触达（可称为"规模化个人"），这是魔力发生的地方，也是我们可以依赖算法的地方，数据科学家会像摇滚明星一样，以灵活、聪明的方式触达正确的人群。

马修停顿了一下，然后补充说："如同很多行业一样，很多这种技能组合最终会被自动化所替代，而我们将越来越深入地推进到创意经济的王国里。但是，这种独一无二的人类创意性特质……将会被最后商业化，假如有那么一天的话。"

杰弗里·科隆
@djgeoffe

你无法让创意能力商业化，至少现在还不行。
#disruptivefm

2016 年 2 月 21 日 20:39

讲述故事的能力现在仍然是这套技能组合的很大一部分，无法（至少现在还不能）从人类营销者的能力中拿走。因此，当很多在谈论颠覆的人仍在继续谈论大数据，并把它当作是营销的救世主的时候，创意依然居于统治地位。马修喝完

---

① 心智理论（Theory of Mind，简称 ToM），也有译为心理理论，心理学术语，是一种能够理解自己以及周围人类的心理状态的能力，这些心理状态包括情绪、信仰、意图、欲望、假装与知识等。通过这种理解可以形成对行为的预测和更好的交流。——译者注

他的啤酒，然后开始他的最后陈述——而他所说的观点是他能够成为微软顶尖的营销人的原因：

> 我们必须有能力使用所有的工具。我不是很喜欢使用直邮营销，但在某些案例里它还是能实现一定的目的。如果新技术能让我们学到一些东西，那会是如何以更正确的方式使用旧技术。如果新技术突然爆炸性地生长起来，它往往代表着世界上某个重大问题得到了解决。然后现实的生活开始了。这是一件好事。这意味着我们最终还是为正确的工作采取了正确的工具。有的时候，一通电话在真正的关系中能反映出所有的不同来。
>
> 对于有些人，我们发布了产品，希望他们能跟进行动，我们必须建立和他们的对话。要和他们对话，我们必须与之有关联。要有关联，我们必须是真实的，并把真实的声音分享给我们现存的客户。所有这些事情加在一起，就是信任问题。正是因为对这种内在的人类品质缺乏尊重，导致很多企业走入歧途——把推特当作是另外一种言语不清的广播频道，或是向人们滥发垃圾邮件，或者自动拨号电话广告。你无法自动建立信任。

失去的纽带：质量

尽管大数据帮助我们通过推送手段锁定目标受众，但要记住很重要的一点，闪亮、耀眼的目标通常会随着时间的推移失去色彩。你可以拥有世界上最好的数据，但假如你没有好的产品，或者好的公司文化，你继续走下去就会遇到很大的麻烦。

如果你想要健康长久地发展下去，其中一件事情是要保证在营销部门中招入正确的人——具有正确的 DNA 和正确的文化适应性的人。

如何找到有品质的人

你要会提问，就像我见到我妻子那个晚上所做的事情一样。你不要问有关技能的问题，不要问有关常春藤大学的问题，也不要问工作头衔的问题。相反，你要怀着好奇心，并使用你的情绪智力，你要问未来的同事，是什么在激励他们工作，以及他们喜欢做什么样的工作。

大多数企业在培养颠覆性营销的心态过程中遇到的最大问题，是他们的营销部门中的营销人具有以下特点：

- 高等学历，例如 MBA。
- 经济学、创意学或者文科的专业背景。
- 在寻找发展的解决方案时抱着传统心态。

这些人：

- 基于猜想和等级做决策。
- 瞄准有品牌识别的客户进行单向的、受控的交流。
- 运用过时的价值主张来强迫潜在客户使用产品、解决方案或者服务。

相反，企业应该寻找，而你应该努力做到，在这个方向发展的人才：

- 数据怪才，拥有一颗艺术的灵魂，同时像雪莉·桑德伯格（Shery Sandberg）那样拥有商业敏感性，像唐·德雷柏那样善于讲故事。
- 高度协调的人群，他们并非是坐在层级森严、相互隔绝的筒仓里，而是能够打破壁垒，成为设计思维、设计导向的团队的一部分。
  - 数据分析师：
  - 与受众创建互动体验。
  - 拥有高度情感化的智商和同情心。
  - 可以设身处地为别人着想，因此可以帮助创造人们想要使用的解决方案和产品，而不是强力推销人们不得不注意到的产品。
- 通过参与公司文化建设的方式来适应公司文化的人。
- 不需要等待 CMO 来告诉他们方向的人，不喜欢自上而下的等级制度的人。他们是公司群体意识的一部分（集体意识）。

很多公司很幸运，可以找到这样的候选人；当他们加入公司后，经营的战争会留住这些人。

第 11 章
核心技能 3：回报——新营销的伦理

> 在这个世界里，政府担负着历史的债务，慈善组织资源有限，而私人企业只对自己的收益感兴趣，这样的世界是很难持续的。
>
> ——西蒙·曼沃林（Simon Manwaring），品牌顾问，博主

如果你曾经参加过"占领华尔街"的示威活动，你可能听过这个曲子——"人民高于利润"。扁平化的世界经济和社交媒体的出现让我们了解到，制造我们的衣服、收获我们的咖啡豆、装配我们的手机的那些企业是如何对待他们的员工的，是如何关心环境的，以及诸如此类的事情。基于企业行为进行营销的想法是非常普遍的。

Buycott① 是一款 App，创始人伊万·帕尔多是一个住在洛杉矶的软件开发者。使用这款 App 扫描你的超市购物车里的任何产品的条形码，你就可以追踪这些产品的生产者及背后的母公司，这种追踪可以一直溯源而上直到顶层，包括像科氏工业集团②、孟山都公司③ 这样的产业集团。帕尔多解释说，他开发这款应用的目

---

① Buycott 是从 boycott（抵制）发展而来的一个互联网新词，意思是通过购买或抵制购买的方式对国家或企业进行支持或抵制。发起人伊万·帕尔多（Ivan Pardo）使用这个词作为他的 App 的名字。顾客使用这个 App 扫描产品，即可以知道产品背后的生产企业的详细信息，由此决定购买或抵制。——译者注

② 科氏工业集团（Koch Industries）是全球最大的非上市公司。其业务遍及多个领域，包括原油开采、炼化、贸易、管道运输、农业和畜牧业、金融服务、道路沥青等，成立于 1918 年，总部位于美国堪萨斯州。——译者注

③ 孟山都公司（Monsanto Company）是全球知名的跨国农业公司，近年因转基因种子问题在中国开始获得知名度。其成立于 1901 年，总部位于美国密苏里州圣路易斯市。——译者注

的是为了强化消费者的权利和道德心。在2013年的福布斯采访中,他说:"我并不想通过这款应用去推出某个特别的观点。对我来说,能够让用户去发起一场运动才是最重要的,因为我认为不应该是由Buycott扮演一个告诉人们买什么的角色。我们只想提供一个平台,能够让消费者做出更为理性的购买决定。"

在过去的50年里,对商业来说最大的变革并不是移动计算,或千禧一代的影响力。那是一股巨大的暗流,将在未来的五年里把很多商业卷入其中。实际上,这可能是自广播广告以来,单一颠覆性的运动能够对营销产生的最大一次影响。它的名字?企业社会责任(Corporate social responsibility),或者CSR。

营销与企业社会责任

你可能听说过这个词,也可能忽略掉了。最近,我和一些营销人在西雅图的一次品牌创新活动中讨论了这个问题。我问了其中10个人这个问题:"如果你只有15000美元预算,你会把它花在一个产品的价格提示上,还是社交媒体的客户服务上?"他们的答案可能会让你吃惊。而数据显示,他们本来应该有让你更为吃惊的答案。

杰弗里·科隆
@djgeoffe

营销人认为客户仅仅是因为价格而受刺激。但是1/3的客户说他们是被客户服务所刺激。
#disruptivefm

2016年2月29日 2:52

在我的不具科学性的抽样调查中，10 名受访者中有 9 人说他们会使用那笔钱来制造更多的对价格的理解，只有 1 人说要把那笔钱用来投入社交媒体客户服务项目。这是因为他们觉得客户关系管理不够性感，太过安静，而且枯燥。难道他们不理解和客户站在一起会变得多么的强大？很有这个可能。

我在 Bing 广告时的同事黄林（Lin Huang）最近在研究社会信号如何影响品牌声誉。他的研究结果证实了一点，越来越多的客户离开原先品牌或服务供应商的原因是因为客户服务的问题。所以，如果你有一个低价格产品，而你不打算通过提供合适的支持来持续跟进，客户则会飞速流失。

当然，很多人在社交媒体上喜欢抱怨，但处理这些事情依旧是一个营销人的责任。有些人可能不这么想，但是客户服务现在已经成为营销的一部分，已经同样可以放大品牌故事的效果。客户服务相比品牌认知的推广活动或者电视广告，更能激励现有的客户。实际上，很多最在意客户服务的客户并不在乎价格，同样，他们也不希望与他们做生意的企业成为世界资源的掠夺者。

杰弗里·科隆
@djgeoffe

伦理是新营销吗？
#disruptivefm

2016 年 2 月 21 日 21:24

要想真正了解 CSR 在今天对组织的影响，看一下在美国有 8600 万人的千禧一代，他们认为，社会责任是企业或者与他们生意相关的服务提供者所必须具备的素质。在他们下单购买之前，他们要求知道这个公司是否以某种方式回报了社会。

对于那些在 20 世纪 80 年代服务婴儿潮一代①和 21 世纪前期服务 X 一代的品牌来说，它们在提供低价服务的时候，取得盈利并不是一件很困难的事情。但是千禧一代却不是这样，如果他们认为某些企业仅仅是以盈利为目的，他们会掉头离去。为了测试这个理论，我有时候会请我的千禧一代的朋友阅读微软前 CEO 史蒂夫·鲍尔默（Steve Ballmer）的一段话——然后我用录像记录下他们的反应：

在过去的 5 年里，我们行业中最大的 25 家企业的利润率从 18% 增长到 23%。利润额增长了 70%，而行业利润额增长了 35%。这非常不错。

对于婴儿潮一代来说这确实非常不错，但是千禧一代并不想听到这些，就算他们是股东也一样如此。他们希望知道你为世界进步做了什么。

那些进行了真正的颠覆性营销的企业知道，你不能把自己当成是慈善事业，然后就以为客户会购买你们的产品或服务。让客户感兴趣的做法是，你需要有一种参与公共事务的文化，并且超越销售来考虑问题。如果你忽视了这种现象，你需要先看一个事实，千禧一代每十个人中有七个认为自己是社会行动者，这个结论来自于 TBWA 全球机构 2011 年的一份研究报告。假如你忽视这个问题，而你在营销上关注的是如何能让你的业绩报表上呈现出更多的产品采用率，你可能会陷入危险之中。

以前看起来、感觉起来，或者听起来不像营销的事情，现在变成了现实。下面还有一些千禧一代所持有的观点，你需要关注一下：

- 每三个人中有一个人会因为自己关心的问题而抵制或者支持某个企业。对于那些参与到社会进步中的企业和商业，他们倾向于给予回报。
- 每五个人中有四个人表示，他们很可能会购买那些支持他们所在意的社会进步的企业的产品（如果价格和质量合适），每四个人中有三个人会优先考

---

① 婴儿潮一代（baby boomer generation），指美国第二次世界大战后到 20 世纪 60 年代出生的那批人。这批人口约占美国总人口的三分之一，经历了战后繁荣和消费的巨大增长，是美国当代的中坚力量。但随着这批人逐步进入退休年龄，美国经济和文化也面临着巨大的变革挑战。——译者注

虑支持社会进步的企业。
- 让人意外的是，每四个人中有三个人认为，企业应该通过满足社会需求的方式，为社会创造经济价值。

我在之前提到过，如果你采用颠覆性营销的思维，你不能简单地按常规的方式思考。上面的最后一条就是原因。如果3/4的年轻人认为企业应该为社会创造经济价值，那么换一种说法就是，企业必须要做出"回报"。

回报的方式有很多种，规模也有不同，但最根本的一点，它并不像是给股东分红那种形式的回报。基于这个原因，企业社会责任已经成为颠覆性营销人主要关注的方面；相比其他的意图来说，通常它会更重要一些。企业社会责任现在是商业中很大一部分，以至于很多大学有整个系来承担这个专业，其中一个是波士顿学院及其企业公民中心，这个中心也是卡罗尔管理学院的一部分。我曾与学院的市场与交流总监崔丝·麦肯齐（Tricia Mackenzie）座谈，她说：

> 我认为，企业正在接受企业社会责任，因为他们希望在品牌忠诚度和收入方面取得实际的影响。千禧一代作为8600万人的庞大群体，正在助推这种变化。研究报告表明，如果企业支持千禧一代所关注的社会进步，50%的千禧一代会花精力购买这个企业的产品；而且他们对于企业做出长期的、公开的企业社会责任的承诺也抱有很高的期望。企业也在进行调整，企业社会责任不仅仅是"最好能有"的东西，而是整合在长期商业策略中成为重要的组成部分。

我请麦肯齐提供更进一步的分析，并讨论一下在企业社会责任方面应该考虑哪些问题。她做了详尽的说明：

> 企业社会责任要高于企业对社区的付出。企业社会责任是创造参与性的工作环境，将碳排放量降至最低，通过可持续供应链建立透明度——企业要设立这样的目标和真正实现这些目标的关注清单。问题是："你的企业对未来的愿景是什么？你如何推进愿景的实现？"

企业需要做什么来承担社会责任

尽管企业社会责任听起来很有影响力,有些公司并不太愿意下功夫,很多传统营销人对此不以为然,这其中的原因是,要推动企业采纳这种经营方式上的本质改变,是非常困难的。正如麦肯齐和我说的:

> 当企业融入一套企业社会责任功能,建立起它们对于成功的强有力的定义后,他们所要做的就不仅是要改变他们的体制和产品的策略,而是将需要改变客户的期望。这不是通过大肆宣传拯救世界的流行词就能实现的。企业将不得不在长期的、奉献型的沟通以及市场资源中做出公开的承诺,告诉客户各种有关他们进展的数据和报告。想要评估口碑是很难的事情。而数据表明,在公众服务中表现出色的企业在经营上不论是长期还是短期都能表现出色。因此,企业社会责任已经超越了口碑,成为结果导向型的策略,是在利用沟通技巧整合客户。

如果企业社会责任把客户融入到企业文化中,我不知道这会不会迫使企业在他们是如何运营的问题上采取更为开放的态度。麦肯齐解释说:

> 领导力的资产绝对会变得透明。社交媒体所创造的双向沟通渠道会揭示,一个公司是如何在商业相关的环境、社会及公共行政领域里进行投资的。公共关系再也不是单纯管理企业的声誉了。企业的声誉不再是依靠危机公关管理或是产品营销了;它的声誉是建立在透明度基础上的。与客户、股东、合作伙伴、员工之间的透明度——这是一个企业社会责任项目的基础。企业社会责任是平台,而社交媒体是信息传递的工具。主动面对沟通挑战的企业,它的各个部门都了解企业社会责任的价值,并把这种价值纳入到整个品牌诉求中去。与数字化受众对接的企业必须把这些受众当成是积极的叙事者,他们会主动讲述企业"做好事才能做得好"的故事。因此,最为透明的企业在引领创造一个世界,我们希望能在这个世界中经营,也希望能在其中生活。

但是，如果你的企业事实上真的在污染地球或者剥削员工，那会怎样？你如何采用企业社会责任来作为你的整个营销方案的一部分？你能吗？麦肯齐指出，仅靠嘴皮子功夫来完成社会责任，这是不可能起作用的；它无法解决企业的问题，因为它是不真实的：

> 大多数的企业都面临这个挑战。选择与你的商业目的相关的企业社会责任方案，并且让投资人在战略上理解这一点，这需要非常多的讨论。但是，很多企业以营销工作为支持，通过设置符合实际的利益分配方式，为其他人做同样的事情铺平了道路。现在有很多优秀的案例。其中一个突出的案例就是 CVS Caremark 公司。这是美国最大的健康产品零售企业，拥有 20 万员工，7800 家门店。在 2014 年，它成为第一家停止销售烟草的全国性药品连锁店，而这让他们可能损失了大约 20 亿美元的收入。但是，通过提倡一种无烟生活形态，公司在战略上保持了他们使命的统一性——为他们的客户提升健康品质。

换句话说，企业社会责任一定要成为长期的、根植在企业文化中的战略，完全不在乎公关危机管理、短期季节性盈利模式以及华尔街逐利之类的事情。这就是颠覆。

第 12 章
核心技能 4：学习，忘却，再学习

> 你无法通过遵守规则来学会走路。
> 你要通过实践来学习，也要通过摔跤来学习。
>
> ——理查德·布兰森，维珍集团创始人兼 CEO

在我最喜欢的书《未来的冲击》中，作者阿尔文·托夫勒[①]写道："21 世纪的文盲将不是那些不会阅读、不会写字的人，而是那些不会学习、不会忘却、不会再学习的人"。

很不幸，我见过很多营销人批评其他人，只是因为他们自己不具备在这个新的世界里所需要的技能。所以，他们不是谦虚地承认自己需要更多的学习，反而因为自己不理解那些技能而去贬低他人。

蜂群思维（hive mind）的概念非常强大，我把它应用到我领导的每个团队里。它在工作中的宣言是：在办公室里没有最聪明的人。这是最聪明的人所在的办公室。换句话说，集体比任何个人都要强大。

营销与陈旧观念的战争

教育专家估计，现在学生正在学习的内容中，高达 40% 的部分会在十年内

[①] 阿尔文·托夫勒（Alvin Toffler，1928 ～ 2016），世界著名未来学家，当今最具影响力的社会思想家之一，出生于纽约。他在 1970 年出版《未来的冲击》(*Future Shock*)，1980 年出版《第三次浪潮》(*the Third Wave*)，1990 年出版《权力的转移》(*Power Shift*)，享誉全球，产生了广泛而深远的影响。——译者注

过时，而他们在那时从事的工作，可能现在还没出现呢。摩尔定律不仅改变了计算能力、技术或者营销，对于必须要学习的新的营销技能，它也影响了相关的教育工作。

杰弗里·科隆
@djgeoffe

你最近一次尝试做一件新的事情是在什么时候？
#disruptivefm

2016年2月29日 2:52

继续学习和企业培训项目的角色

既然说到营销在不断地发展变革，并且它越来越像教育了，那我就有理由要去和教育工作者谈话，因为他们正处在这种变革的前沿地带。我和三位专家交流过。首先是安·约翰（Ann John），她现在是纽约市弗莱迪昂学校（一所职业技术学校）的教务主任，在此之前，她是"媒体小馆"① 职业发展项目的高级经理（我在那里教授过关于社交媒体的在线教育课程）。

你走进一所大学，找到商学院问他们是否可以教一门课，这门课是关于社交数据如何为一个公司的内容对接策略提供信息，这件事是很困难的。如果课程的主题换成播客如何成为新的网络，或者举办一个社交媒体硕士班，讨论如何推广你的个人品牌，如何通过关系经济引入更多生意，同样也很困难。安·约翰看到

---

① 媒体小馆（Mediabistro）是一家职业培训机构，以媒体、营销和沟通为主要培训内容，总部位于纽约，成立于1994年。——译者注

了这种机会，决定成为一个站在在线教育前沿的人。实体校园的教育在很多要素上是短缺的，而这些要素正是在线教育可以努力争取的。

安·约翰认为这是因为教育被局限在 4 年制的框架里，而商业也被局限在一个非迭代的心态里。"企业已经很难再做一次计划一整年的事情了，"她说，"一个公司必须……不断升级。而很多升级要来自新技能的学习。"约翰指出，建立媒体小馆就是为了帮助在职人员，"他们没有时间坐在一个传统的教室……学习非传统的技能，例如社交媒体、搜索引擎优化，搜索引擎营销等。"她把学习分成两个阵营：非正式的和正式的。我们在工作中所做的大多数事情属于前一种，我们为未来做准备则属于后一种。她解释道：

> 在媒体小馆，我们需要谈论有很多事情，关于……想要培训员工的企业需要在态度上有所改变。你不能像管理筒仓一样规划四年的学习。学习必须是持续的……贯穿整个人生。我认为我们正在发展的方向是非正式学习。不管我是在工作，还是在学校，而我需要学习某些东西，比如说 Outlook，我会谷歌搜索，然后实时地学习如何使用它。这就是非正式学习。有很多事情都是非正式地发生的，我们需要问自己，如何……让非正式学习正规起来。

安·约翰关于教育的观点说明了写作一本以线性方式讨论颠覆性营销的专著的困难到底在哪里——或者解释了应该怎么进行写作。当大家读完这本书的时候，书里提到的一些工具就已经过时了。基于这个原因，颠覆性营销应该更多关注在客户行为基础上的人性的改变，而不是关于营销人可以使用的特定的工具。

许多其他与我交流的人也经常提起这个观点。如何改变你的个性，从单线条的人变为动态中的人？你如何改变垂直式的思维和做法——这种垂直特性是大多数传统营销构建实践活动的方式——转而成为一个讲求实际的思维者和行动者？安继续说：

> 我也从事企业培训，我接触到的那些企业非常渴望能够改变他们整个企业的性格，为此他们愿意支付一大笔钱购买三四个小时的课程，但是，

之后也就是那样了。这种停下－然后－出发的学习模式并不会真正涉及问题的核心。你不能说："我们准备上三个小时的课，然后所有事情都能解决了。"朝这个方向发展吧，如果想取得真正的效果，必须是终身的学习。

在提升营销技巧方面，要获得教育的价值还有很多其他更重要的事情要做。比如说，你如何评估技能培训的效果？安带着很强的挫败感说道：

> 人们不喜欢做太艰苦的事情，这就是为什么很难让人们去适应那些相当于改变生活形态的事情。同时，你如何衡量培训的投资回报率？把培训拆解为小型的、重复性的批量型项目是关键。很多企业不提供任何培训，但假如他们提供，会像科技公司发布产品一样；不是一次性的大发布，而是重复性的测试－学习进程。

安·约翰把话题引向是否应该停止使用威胁、恐吓的技巧，以及"害怕错失机会"的诉求，想以此促使传统营销人重新思考他们的道理。

> 当你的诉求是"你需要抓紧赶上，否则你会被甩到后面"，这是一种不好的表述事情的方式。应该是："你应该学习这些技能，这样才能把它应用到世界中。"我认为这种态度将改变人们对待学习的方式。教育的目的是去传授如何解决问题，而不应该用于评估你在职业中能做得多好。教育……的模式现在还是……知识的传递。但是这种模式已经没有意义了。我在大学里才学到如何拥有批判的思维，但是，难道我不应该在五岁的时候就开始学习这些吗？

营销对于技术和分析学教育的需求

安·约翰抡起大锤重重"敲打"某些营销人，他们因为缺乏技术方面的专业技能，而导致工作没有效果。

> 我认为在今天，在现在这个年龄，你需要知道或者懂得一些基础水平的编程知识，不管你是做什么营销。所有产品，所有企业……都会有一个

网站。网站是建立在编程基础上的。大多数营销领域的人没有编程知识。在很多营销团队中做决策的人没有技术方面的技能。他们都是传统的背景。

杰弗里·科隆
@djgeoffe

你需要学习代码，因为代码打造了这个世界。而诉求本身不会。
#disruptivefm

2016年2月21日 21:33

我谈话的第二个人是艾莉森·海明（Allison Hemming），她是一个企业创始人、CEO及创意团队的招聘人。她把她的公司命名为"枪手"（Hired Gun），而枪手是纽约市在这个领域的顶尖企业。海明曾帮助我找到工作，而且她总是很高兴和我交流，她的观点非常独特。

艾莉森·海明认为，企业无法找到其需要的技术型营销人才，而这是很多企业从传统型向颠覆性营销转型过程中遇到困难的重要原因。当她把那些拥有技术营销技能的人放在她的职位公告版上的时候，她称这些广受欢迎的招聘候选人为"奥数选手"（mathletes）①。按照海明的说法："在营销领域中我相信有各种各样的东西正在经历剧烈的变化。有意思的是，《广告狂人》系列剧正在这个时间结束，而营销世界正在开始经历反对德雷珀主义广告的运动。"

---

① mathletes 是数学（mathematics）和竞技体育选手（athlete）两个英文单词合成的新词，指在任何年龄或任何级别上参加数学竞技比赛的人。本书采用中国人熟知的"奥数选手"一词来代指。——译者注

杰弗里·科隆
@djgeoffe

奥数选手广受欢迎，他们使用数据和创意来驱动创新型营销。
#disruptivefm

2016年2月21日 21:34

在短短 5 年里，从请她帮助寻找专业人才的客户公司那里，海明看到非常剧烈的变化，也看到她列举的每周兼职工作榜上的职位名单的变化。海明认为，这是因为品牌越来越需要这些技能组合进入组织内部。她解释说：

在我们公司营业的最初 5 年里，我们做了很多更替广告公司的工作；现在我们只是直接帮助品牌主和公司招聘创意岗位的人才。人员配备已经转移到品牌客户一边。

营销已经变化了。广告公司曾经充满了创意人员，因为他们被告知营销不需要数学能力。那个时代已经过去了。现在所有事情都是可量化的。如果你是一位营销奥数选手，你会有表现得非常突出的潜力。看看我们的兼职工作榜，全都是关于寻找这样的人：能使用分析技能带来受众增长。

如果你是刚刚开始考虑在营销领域工作，你可以看看那些职位，那些职位有很多正在招人，而没有人或者很少人申请，这是一件好事。与量化工作有关的职位总是在开放招人。能够使用分析技能进行预测，这是所有公司都想要的人才。如果你是首席市场官，而你并不接触数据，你就无法在客户最感兴趣的方面进行行动。靠直觉工作的首席市场官会像恐龙一样灭绝。

MBA 项目在培训未来的营销人才中担任的角色

简单浏览一下一流常春藤大学的商学院 MBA 课程表，我发现与数据分析有关的课程只有一门。而在经典商业理论和策略方面 MBA 学生们却必须要上好几门课。之所以会有这种情况发生，可能是因为缺乏合格的老师，但也可能是在应该提供什么样的课程给它的客户方面，教育的理解已经严重落后了——在这个例子里，客户是那些支付了成百上千美元来争取高等学历的学生。

我还是觉得高等教育是好的，是值得的（尽管现实情况如此，我还是有一点小偏见，因为我父亲就是一名政治学教授）。但如果我父亲还活着并且还在授课，我不知道他是否会认同一个陈旧过时的体系，这个体系无法让学生准备好进行有意义的思考，无法掌握在我们这个现代社会谋生所需的技能。

我采访的第三个人是乔吉特·查普曼·菲利普斯（Georgette Chapman Phillips），我的母校利哈伊大学工商与经济学院的院长。在排名全美前五十的大学的商学院院长中，菲利普斯是少有的非洲裔美国人，他也是一位教育领域的未来学家。

如果说有人能改变我们思考的方式，菲利普斯院长就是这样一位。在一个星期五的上午，我从西雅图打电话给她，她在3000英里外的宾夕法尼亚州伯利恒市的利哈伊大学校园里，这个美丽的校园位于山脚下。我问了她高等教育的发展方向，以及营销和商业专业的学生是否能够充分准备好颠覆性的心态，转变成为海明正在为企业寻找的那类人才。

现在，一个坚实可靠的投资回报率看起来是营销的核心本质。所以我想知道，商学院是否会为学生创造一种可以说明投资回报率的教育产品。也就是说，如果 MBA 不能帮助学生做好加入新型营销组织的准备工作，那么取得这种学位能值回投资的学费吗？如果大学放弃这种商业学历项目，改向完全不同的方向发展，那会怎样？

菲利普斯的答复是这样的："需要迅速转变的是已经过时的教职员工们与学生互动的模式。"在谈到技术是如何改变我们学习的方式时，她补充说：

> 我认为这是……学术领域需要面对的……最大的变化。你可以成为非常好的教师，帮助你的学生在日复一日面对同样的事情时打开思路。但是，

4P理论（产品，价格，推广，渠道）并不是我们今天需要呈现给学生的东西。我们的使命是教授商业的基本要义……但是我们必须呈现给他们在最近五年内还能用得上的东西。我们在商业教育上的挑战是如何为学生们打造一个坚实的基础。

我请教菲利普斯，大学是否会在最近一两年内提供能反映当前顾客行为的教育项目。她的答复显示了她心中的紧迫感："我们不需要再等一年或者两年，这些课程是学生们现在就需要学习的东西。只要学生们需要，我们在下一个月就会安排学习内容。"

菲利普斯说话的方式听起来很像一位机敏的工程师，这样的工程师我每天在微软工作的时候能接触到很多，也很像我在许多创业企业中对话过的人。不同之处在于，菲利普斯不是传递一个新产品或者新功能给客户，她谈论的是以需求为前提，把教育传递给学生。当我们谈到教育的未来，以及它将如何帮助学生准备好进入颠覆的世界和颠覆的营销中时，她的回答就像是一个在"媒体小馆"、在线视频网站Lynda或在线程序学习网站程序学院的人会说的话，而不像一个著名商学院的院长：

我认为教育中包含了很多体验性学习。把学生扔到真实的场景中去，让他们在市场中有一个安全的地方可以锻炼。必要的联合办学项目。你再也不能靠读一本书来学习了，所有的学习必须是以团队为基础的。多功能组合，团队建设实践。原来的那种教授授课学生笔记的方式很快就要过时了。学生们将在实地实践中完成作业。这是体验性学习的真谛。

从另一个角度说，教育的未来映衬着营销的未来。"试验并学习"就是比赛的名称。在这种课堂上没有F（不及格），甚至也没有A（优秀）——正如在营销中没有任何失败或者全垒得分。只有持续适应和学习的能力——然后是忘却和再学习。

学习再也不是限制在4年时间里了，而会变成终身的过程。在这个过程里，"我有20年的营销经验"，这句话将成为一种尴尬，而不是荣誉的勋章，除非你还拥有Photoshop、音频录制、影像编辑、摄影以及分析评估等技能。

尾声
感情支配

> 你的理智可能出现迷惑，但你的感情永远不会欺骗你。
> ——罗杰·艾伯特（Roeger Ebert），影评人

营销所在之处，它背后的理论都是简单的：只要你有办法能创作一条信息，并且有资源能够传播它，你就可以掌握有关你的企业或者产品的对话。而当人们能够感受某些特定东西的时候，再多的言语也无法改变他们的态度。但是，新的感情可以。

政治家和学者劳伦斯·莱斯格在他的著作《思想的未来》一书中描述了这种效应。他解释说，媒体和内容发布的集中度最终将逐渐弱化，这不是因为政府或法规的力量，而是颠覆性营销的方式逐步渗透到我们的世界里的结果——也就是说，是生活在互联网中的人们造成的。

如我之前所说，一个高度集中的媒体世界是把权力和控制交由少数人手中。它只能接受一小部分电影可以发行，某种特定的音乐可以发布，特定类型的书可以出版。但是正如莱斯格所说，在这些事情的背后有一种新的事物在生长，导致媒体呈现碎片化的趋势。更多的渠道并不意味着更好的内容。更多的有线频道并不意味着更好的电视节目，它只会让那些有线频道获得最大化的利润。

媒体碎片化将会持续。对营销领域来说，碎片化带来的唯一的好处是，社会结构不再支持中心化的控制了。品牌和企业可能会继续想，他们可以推动故事的发展，或者发布信息，但是新的规则真正关注的是特定类型的内容，或者产品，

或者目标，或者诉求，或者文化，或者运动，关注营销人如何激励人们去创造这些东西。而人们在未来将要创造的大多数东西，对照企业过去根据自己的想法创造的东西来说，是非常不同的。

杰弗里·科隆
@djgeoffe

在未来的营销中，将不会有中心化的控制。
#disruptivefm

2016年2月21日 21:36

感情在我们打破传统生活羁绊的过程中油然而生，它留存于我们的感性之中，而不是在我们的理性之中，这是有原因的。不管是艺术或者技术，医学或者文学，敢于探索新路径的人们会在他们的领域中获得重要突破，并得到我们大家的共鸣。营销也是一样。而随着世界持续进步，我们更需要那些愿意忘掉既有的新路径的人。一位知名技术公司的社交媒体经理杰克·陈（Jackie Chen）认为，人们相互连接的渴望永远存在，特别是当数字体验变得更加成熟的时候。

我看到这种渴望，它存在于在线游戏、社交网络的普及中，存在于对Upworthy网站①和TED网站的访问中。我们所看到的东西在情感的层面触动我们，吸引我们分享内容，因为我们希望以此建立共同的体验，但是在和真人面对面的时候，我们反而很少这么做。数字体验实际上为我们提供

---

① Upworthy是美国一家致力于快速传播信息和图片内容的网站。它成立于2012年，曾被称为是互联网发展最快的企业之一。——译者注

了一种方式，让我们可以感觉与其他人更靠近。例如 Twitch①，它让我们可以旁观，同时让我们觉得我们是行动的一部分。

由于人们的连接对他们来说如此重要，营销中会一直需要保留这种人性因素；而随着我们在数字论坛上花费更多的时间，这种元素会被更多地需要。

传统营销对上颠覆性营销

很多传统的营销人面对剧烈的变化总是很迟疑犹豫，这种变化改变了他们以往策划营销或者组建公司的方法。在过去很长的时间里，他们坚守着一种想法，那就是如果他们创造了内容，然后购买一个目标媒体，在上面传播内容，那么内容会在某种程度上为客户带来即时性的价值。也就是说，那些营销人忘了站在客户的立场考虑问题，或者是需要提醒他们，客户未必会热情地阅读、收看，或者浏览他们的内容（即使他们能注意到这些内容）。造成内容与客户之间的这种脱节的原因之一是，内容的诉求太过复杂，而且有太多的统计数据，而内容本应该是能激发感情和感觉的。

另外还有什么大的连接脱节的地方？太多的营销是由营销人完成的，而不是由使用那些产品的客户创造出来的，或者是在客户的影响下做出来的。客户对于企业的认同并不是建立在它传递出来的伦理和意义的基础之上。特别是，最好的营销人再也不想对人们的大脑进行灌输。也就是说，如果你想收获人们的喜爱，你需要先创造一个好产品。

无论多大力度的营销都不能让一个坏产品持久。如果你想生产一个对人有吸引力的产品，不要只依赖工程人员或研发团队。颠覆性营销人也将坐在设计人员中间，并思考新的方法来触动人们的心弦。

好好考虑以下问题。为什么人们对于类似谷歌这样的产品趋之若鹜，却忽视其他的产品，比如 Bing——尽管前者的一些设计或者功能最近也开始受到后者的影响？ Bing 缺乏爱的体现吗？或者是它缺乏知名度吗？要是有更高的知名度能有

---

① Twitch 是一个面向视频游戏的实时流媒体视频平台，每月访问达到 4500 万人次。它成立于 2011 年，总部在美国旧金山。——译者注

什么意义吗？

对于传统营销人来说，答案是肯定的——它需要更高的知名度。但是，对于颠覆性营销人来说，数据表明，更高的知名度并不是真正的答案。正确的答案是，要传播更多客户喜爱产品的故事，而不是传播更多的产品用户统计。

大卫·布鲁克斯是奥美负责数字化和社交策略的高级副总裁，也许他的评论是最为到位的。在我们很多次关于营销的充满活力的对话中，他说道：

> 我认为现在世界已经变得如此嘈杂，所以人们会关闭他们的理性思考，因而触及内心、激发情感就变得更为重要。我想在我们的记忆中，我们是如何感受的要比我们思考所得的东西多得多，当然对此我是猜测而已。但在任何情况下，诉求必须激发感情，而且由于信息过剩，这种激发要更甚于以往。并且我觉得，虽然诉求要有强有力的激发效应，但也要为人们的思考和感受留出空间，要让人们感受到他们被激发出创造性。我们以这种方式发出来的讯息也许会被人屏蔽，但希望我们自己永远不会屏蔽来自内心的感受。

受人敬重的诗人、作家玛雅·安吉罗（Maya Angelou）说："我已经懂得，人们会忘掉你所说的，也会忘掉你所做的，但是永远不会忘记你带给他们的感受。"

杰弗里·科隆
@djgeoffe

我们也许会屏蔽发给我们的信息，但我们永远不会屏蔽来自内心的感受。
#disruptivefm

2016年2月21日 21:39

后记

在我准备写这本书的时候,我想弄明白一个问题:一本书看起来会有多老——如果它的话题在现实世界里是以毫秒为单位发生着变化。在这个世界里保持常青,是一件越来越难的事情。每天都会有新的博客发布,新的营销会议提案,新的播客,新的视频,新的推特,新的 Snapchat 聊天,新的照片,新的信息图……解说着在这个新的时代里,如何以最佳方式实现营销最大化。我认为,写作本书的最佳方式是提供高水平的、激发型的思考,而这种思考(我希望)是不会变旧的,因为这是以人的体验为中心,而不是以技术或平台为中心;那些技术或平台是"今天有明天无"的东西。

我希望,当你阅读本书的时候,或者在 2020 年、2025 年重读它的时候(那时你很可能是使用虚拟现实设备读它,而不是使用你的智能手机),这本书仍然对你有帮助,就像我在 2015 年夏天撰写这本书的时候。

我写这本书的时候并不是在一个地点,而是很多地点。激励最好的源泉是发生在我们周边的人和事。我在西雅图的深夜写作,也会在拉斯维加斯写作,还包括旧金山、波特兰、俄勒冈、布鲁克林、新泽西海边的长滩岛,还有在新泽西枫木镇的朋友的房子里。

我在书桌前写作,也会是站立台前,或者是在咖啡馆的咖啡桌前,还有我的老朋友迈克和戴德瑞·艾尔斯（Diedre Ayers）家舒服的椅子上。除了敲打我那台 windows 10 笔记本电脑的键盘，我也会用 OneNote 做记录并存储，或者在 OneDrive 上存储我的草稿。我感觉我在写作的同时也在持续地学习着。去感受，而不仅仅是思考，我把自己投入到尽可能多的电脑屏幕以外的体验中。当我想建立真正的连接的时候，我对 25 个人进行了采访，这些人了解如何建立连接，他们的方法我们通常都会认为是理所当然的。不幸的是，我们有时会因为数字化的东西分散了精力，反而忘记了对人的连接。我们有时对电脑或者对智能手机付出了太多的关注，超过了对现实世界的关注，超过了对我们身边的人的关注。

我并不是一个卢德主义者[①]。但是相信我，阅读另外一篇博客，或者收看另一段视频内容，并不会激发你的创意想法，或者让你的想象起飞。但是，把你自己从数字设备的世界里分割出来，可能会达到这个效果。这可以让你在对未来创意经济的洞见中加入你希望达成的目标，或者是你的使命——不是从营销人的角度，而是站在人的角度。

如果你放手让你的心引领道路，而不是跟从一堆在 Hadoop[②] 上运营的、完全没有意义的数字，你会对接下来发生的事情感到惊喜。我们需要记住，那些数字代表的是人类的行动，而不是简单的、独立存在的统计。因此，花更多的时间走出去吧。画画，旅行，阅读，观察，爱，学习，跳舞，跳伞，DJ，感受，解数学方程，倾听……

---

① 卢德（Luddite）运动是指 19 世纪，英国纺织工人通过捣毁机器的方式表达对资本和工业化革命造成的贫困的抗议。在当代，"卢德主义者"是指那些工业化、自动化、数字化或一切新科技的反对者。——译者注

② Hadoop 是一个开发和运行处理大规模数据的软件平台，2005 年由阿帕奇软件基金会（Apache Software Foundation，ASF）推出。——译者注

致 谢

我不相信个人主义的叙事方式。我这样说的意思是,我不相信一个个人能单独为他自己的成功或者失败负责。我不相信任何人做成某件有重要价值的事情,就说这全部是靠自己完成的。除非你真的相信你要靠自己做事情的神话,这意味着你和这个星球上的其他人没有互动往来,或者你不依靠客户支付你的开支费用,若非如此,让我们与这种神话般的个人主义的修辞学做个了断吧。

本书献给这样一些人,他们看到我与众不同的思考成果和实践活动在以往为他们的公司、广告代理机构、创意实验室或者项目带来了增值效应,而本书将会成为他们未来商业成功的增值部分。我从音乐产业全盛时代的一些最优秀的人那里学习到,当想象力和创新总是不断推翻现实的时候,以盛气凌人的方式高高在上是没有意义的。

首先我想感谢我的家人。我的大哥布莱恩是我观察这个社会的最重要的老师。布莱恩,每次我给你打电话,都有很大收获;如果你能想起我们曾经的讨论,那是因为这些讨论帮助我形成了我的世界观。

我的妻子艾莉森·邓梅尔(Alison Dunmire),我在每一次的公开讲演中都会提到你,这是有原因的。我的每一个好的想法都曾经是你的想法。我非常享受我们一起旅行,探索并学习那么多的新事物。和你在一起,生活有无数可能,但永远不会因循守旧。

感谢我的女儿奥莉和玛蒂尔达。我们绝不会因为喜欢数学图表或者信息记忆，就把你们的创意演出取消掉。电脑永远代替不了创意和人类的情感。我期待着看你们将会和世界分享什么样的艺术。

感谢我的父亲母亲，虽然他们已经去世了。你们一直是我最大的激励力量。我母亲是一个跨专业（心理学和艺术）的混合型人才，她认识到了世界的发展方向——只要你能以新的创意性的方式为电脑编写程序，记忆性的事实或统计数字对于学习和激励来说，就会变得没有用处。我父亲让我通过经济学的学习懂得，人——而不仅是公司——是让世界走上正路的力量。因为这个原因，我在书中以主要篇幅来讨论，人的体验是影响我们如何拥抱世界的重要因素。

我要特别感谢每一个为这本书腾出时间接受我的采访的人，不管是通过电子邮件，还是一个友好的电话长谈，或者是面对面。这个世界充满了特别敏锐、特别聪明的头脑。我们需要通过这些人来创造新的规则，超越肤浅虚荣的关键经营指标——这些指标现在看起来过度支配了商业世界，包括喜好度、视频收视、每个客户平均购买额统计等。让我们关注一些替代性项目吧，例如用户设计反馈、当视频重播时收看的时间，还有用户使用产品的平均时长（接触度）等。这些访谈的对象包括：弗兰克·罗斯、安东尼·德·罗萨、史蒂夫·戈德纳、大卫·布鲁克斯、迈克·司崔特、朱利安·米切尔、辛迪·阿尔维兹、珍妮弗·莫斯、马修·伍德吉特、安·约翰、艾莉森·海明、乔吉特·查普曼、菲利普斯、妮可尔·斯腾博克、杰克·陈、丽布·卡尔森、埃里克·德拉姆、派特里克·麦肯齐、还有阿什莉·麦考仑。

我想要感谢我的朋友兼工作伙伴杰玛·克雷文。她是营销行业最聪明、最友好的人，也是一位真正的老师。我非常期待能尽快在播客"颠覆性电台"上继续我们的讨论。

我要谢谢我的导师们，我和他们一起完成了很多出色的项目，包括在Frenzy[①]、邦德策略与影响力机构、360i 和奥美的时候。有太多人对本书的写

[①] Frenzy Multi-Marketing 是科隆在 2002-2006 年创办并管理的一家咨询机构，客户包括红牛等。公司位于纽约。——译者注

作做出了启示，这里列举其中一部分人：乔纳森·基恩（Jonathan Keith），埃里克·科恩（Eric Cohen），马修·米尔斯（Matthew Mills），杰弗里·博伊尔（Jeffrey Boyle），谢丽尔·梅茨格（Cheryl Metzger），戴维·施耐德（David Schneider），比尔·克劳利（Bill Crowley），马克·席勒，豪伊·克莱因伯格（Howie Kleinberg），马特·沃斯特（Matt Wurst），奥丽·莱温特（Orli LeWinter），萨拉·霍夫斯特（Sarah Hoffstetter），米歇尔·基勒布鲁（Michelle Killebrew），约翰·贝尔（John Bell）和乔·布阿（Joe Bua）。我想特别感谢微软，让我的想法能在微软自身的转型尝试中贡献力量——特别是戴维·潘（David Pann），斯蒂芬·赛里克（Stephen Sirich），约翰·柯斯利（John Cosley）和里克·万·德尔·库伊（Rik van der Kooi）。我也要想感谢我过去和现在的优秀团队，蒂娜·凯莱赫（Tina Kelleher），西莫内·舒勒（Simone Schuurer），克里斯蒂娜·麦克卢尔（Christine McClure），弗朗西斯·多尼根瑞安（Frances Donegan-Ryan），纳泽姆·穆斯塔帕（Nazeem Mustaffa），瑞奇·普尔（Richy Poole）和罗布·约翰逊（Rob Johnson）。我要感谢肖恩·埃利斯，摩根·布朗，梅尔·卡森，乔伊·阿克（Joy Archer），约翰·加尼翁（John Gagnon），谢尔比·加尼翁（Shelby Gagnon），布莱恩·诺斯卡特（Brian Northcutt），特雷西·诺斯卡特·托巴（Tracy Northcutt Toba），戴维·克兰（David Kline），劳瑞尔·盖书时，杰伊·克拉彻（Jay Crutcher），克里斯蒂·奥尔森（Christi Olson），汉娜·阿鲁赛尔（Hannah Arussel），萨拉·克莱顿（Sara Clayton），埃丝特·克里斯托弗森（Esther Christoffersen），埃里卡·赫尔曼斯（Erika Hermanns），吉米·林（Jimmy Lin），康妮·沃（Connie Woo），克里·盖茨（Kerry Gates），露西·王（Lucy Wang），尼基·史密斯（Nickie Smith），凯蒂·亨特（Katy Hunter），还有曾经与我日常交流过的上百位其他人，这些交流提升了我的营销思维空间。

我要感谢我的两位导师特蕾莎·霍根（Teresa Horgan）和马尔扎·科普曼斯（Marja Koopmans），他们总是认真地倾听我。

我要感谢埃伦·卡丁（Ellen Kadin），我在 AMACOM[①] 的出版人；还有这个优

[①] 美国管理协会（American Management Association，简称 AMA），全球最大的管理教育机构，1923 年成立于纽约。AMACOM 是协会内的出版机构，也是本书原版的出版方。——译者注

秀团队里的其他人，包括珍妮·韦塞尔曼·施瓦茨（Jenny Wesselmann Schwartz），巴里·理查森（Barry Richardson），珍妮特·帕加诺（Janet Pagano），还有艾琳·马亚克（Irene Majuk）。我要感谢我的文字作品代理公司，来自 Keller 传媒的温迪·凯勒（Wendy Keller）。

我要感谢斯图尔特·特拉克特（Stuart Tracte）为本书和我的网站提供了图片，杰夫·吉利根（Jeff Gilligan）为本书封面和美术设计提供了意见，彼得·山克曼（Peter Shankman）和梅尔·卡森对本书提供了建议，还有名单之外的许多人，他们都提前阅读了本书并提供了评论。

最后，我想感谢一些地方。是的，地理位置，有很多人在那里影响了你的思考方式。这也是为什么越来越多的人不断搬回到城区里居住。有三个地方给了我一切：纽约布鲁克林、新泽西枫木镇，还有华盛顿州的西雅图。这三个地方实实在在地激发了我的想法。布鲁克林还是我开启人生第一次生意的地方。早在 2002 年它就让我认识到，这个世界是被设计为移动性和社交性的。它还带给我人生伴侣和一群既朴实又精彩的朋友。虽然我现在以位于太平洋西北岸的西雅图为家，但布鲁克林一直都是我的初恋。新泽西的枫木镇让我认识到，创意课程可以是都市和郊区的结合，而设计思维却是从一个真正的社区中产生的。西雅图做事总是与众不同，而且毫不在意别人会怎么想。

让我们保持谈话。你可以到推特上找 @djgeoffe，也可以到领英上联系我，或者访问我的个人网站 geoffreycolon.net。

DISRUPTIVE MARKETING

附录

DISRUPTIVE MARKETING

工具类别目录

你作为读者，我作为作者，营销理论的交流和灵感相互的激发，这是我们之间连接的纽带；但是假如我仅仅给你理论，这肯定是不够的。在我们的创意经济中，我们需要资源来帮助激发想法。这个清单远远算不上是详尽无遗的，但可以在你形成创意策略方面，基于你工作所需的技能，提供一些思路。这些技能在本书中有所介绍，特别是在第6章至第9章的内容中。

一定要记着，营销人是属于"短暂的流行"一族。广告代理公司的人事部门应该对此感到负疚，因为他们总是把员工打包囫囵卖给他们的客户。不要追求那些闪亮的东西——不管是某一天的垂直视频①还是第二天的 Beacon 数据追踪。营销，特别是颠覆性营销，在你进入到特别精细的地方的时候，其实没有那么颠覆，这些精细的地方包括：理解人性；理解难以发现而被别人简单忽视的洞察；了解自动化不是一种威胁，实际上是让客户觉得你更重要的手段。技术是工具，它可以帮助强化和执行想法。但这些想法还是需要由你来创造。

---

① 垂直视频（vertical video）是近年来逐步流行的一种视频制作和分享方式。它的图像长宽比与普通电影院屏幕或电视不同，高大于宽。更重要的是它的制作方式更符合现在的专业、深度、即时、互动的收看需求，是制作方根据特定兴趣、特定需求制作的信息与服务关联的视频内容。——译者注

分　销

你如何让自己的诉求被听到？去受众所在的地方接触他们吧。了解社交网络的最重要的 API 数据接口包括：

Facebook Graph API　　Twitter REST APIs

内容分销平台

拥有社交分享按钮的网站：Squarespace，Wix，Weebly

Facebook

Twitter

LinkedIn

Instagram

Snapchat

Tumblr

Pinterest

Periscope

Streamup

Blab

Tribe

内容分销评估

Google Analytic

Clicky

Heap

Chartbeat

Gauges

GoSquared

Calq

Indicative

Kissmetrics

Mixpanel

Trakio

主题标签跟踪

Tagboard

Twubs

搜索引擎优化

Moz

搜索引擎营销

Bing 广告

Google 关键词广告

Marin

Kenshoo

Acquisio

付费社交媒体

Facebook 广告	Pinterst 广告
Twitter 广告	LinkedIn 广告
Tumblr 广告	

博客站点

Medium	Blogger
Wordpress	TypePad

电子邮件营销

MailChimp	Constant Contact

员工信息平台

Sociabble	TrapIt

社 会 化 设 计

以下是创作可分享的想法的途径:

视觉

对于任何必要的、有说服力的诉求来说,我们必须是"呈现,而不是简单地平铺直叙"。所以在这个部分里,我重点关注一些颠覆性营销常用的工具:

设计

Canva	Adobe Post

图片库

Shutterstock	Corbis
Getty	

信息化图像 / 数据视觉化

Visual.ly	Tangle
Tableau	Polymaps
Exhibit	

修图和强化软件

Photoshop

Apple Aperture

Corel PaintShop

GIMP

Paint

Pixlr

Enlight

图片筛选

Ribbert

Rollip

Pixlr-o-matic

动图生成

Gifmaker

Picasion

Gickr

迷姆处理

Meme Generator

Meme Crunch

Quick Meme

图片中心网络

Instagram

Tumblr

Pinterest

SlideShare

Docs.com

演示软件

Emaze

~~PowerPoint~~

Sway

Keynote

Camtasia

Haiku Deck

声音

播客

Spreaker

Podbean

Soundcloud

Clammr

Jabbercast

215

免费版权音乐服务（含视频）

GrooveDen

Pond5

音频博客

Podbean

音频书

Audible

动效

支持视频的网络

YouTube

Blip

Vimeo

Keek

SlideShare

Vine

Daily Motion

Instagram

Metacafe

生 产 主 义

你使用什么工具进行内容创作？

搜索和社会化数据（研究）

Gnip

Bing Webmaster Tools

创意洞察（研究）

Google Trends

Twitter Trending Topics

社会化客户关系管理

Sprinklr

Sprout

手持设备视频制作应用软件

Videolicious

Videoshop

Video Star

Facetune

Animoto Video Maker

iMovie

Lumify

视频字幕制作（为国际观众）

Rev

制作播客所需的应用软件

Spreaker

GarageBand

Propaganda Software

后 数 字 化

如果要以包含人性和真实性的方式在物理世界中触达你的受众，你可以使用什么样的工具？

涂鸦广告

Krylon

Kilz（提示，只有白色一种颜色）

Montana

Fresh Paint

Rustoleum

MP3 播放器

Naxa Audio

Axess Audio

Sony Audio

音乐卡带、CD 和黑胶唱片转换软件

Rainbo Records

United Record Pressing

Disc Makers

移动出版名址系统

AmpliVox S610A

传真服务

eFax

RingCentral

VHS 磁带、DVD 复制服务

IDEA Media

Viking Video

1-800 电话号码语音邮件、语音广播或电话聊天线路

Freedom Voice

Access Direct

PayPerCall.com

注 释

前言

"先父弗兰克1964年从匹兹堡搬到伯利恒时,伯利恒钢铁是一家……"

John M. Lee, "1964: Year of Change for Bethlehem Steel," New York Times, April 12, 1964, accessed August 1, 2015, www.nytimes.co/1964/04/12/1964-year-of-change-for-bethlehem-steel.html?_r=0

"《音乐周刊》的文章预告了大剧落幕的开始……"

Jack McCarthy, "Studios Sue MP3 Startup Napster," CNN.com, December 9, 1999, accessed July 26, 2015, www.cnn.com/1999/TECH/computing/12/09/napster.suit.idg/

"一切都太晚了。就像很多'对创新的诉讼'——我把它称为'《加州靡情》情境'……"

LinkedIn.com, April 18, 2014, accessed February 27, 2016, www.linkedin.com/pulse/20140418141623-5173732-disrupt-with-californication

"最近的报道来自玛丽·米克(Mary Meeker)的2015年互联网趋势报告……"

Josh Constine, "The Mary Meeker Internet Trends 2015 Report," Techcrunch.com, May 27, 2015, accessed February 27, 2016, www.techcrunch.com/2015/05/27/the-mary-meeker-internet-trends-2015-report/

导论

"好的营销人不会提问'要么……要么……'之类二选一的问题……"
Mark Bonchek and Cara France, "The Best Digital Strategists Don't Think in Terms of Either/Or," Harvard Business Review, ENDNOTES [212] endnotes June 16, 2015, accessed July 10, 2015, www.hbr.org/2015/06/the-best-digital-strategists-dont-think-in-terms-of-eitheror

"根据现实客户的行为发展商业模式,是今天我们作为营销人面临的挑战……"
Philippa Reed, "Relinquishing Control of Your Brand: How Digital Is Challenging Brand Building," LinkedIn.com, August 20, 2015, accessed August 20, 2015, www.linkedin.com/pulse/ relinquishing-control-your- brand-how-digital-challenging-reed-1

"苏格拉底问答法在人文科学教育中……"
James C. Klagge and Nicholas D. Smith (ed.), Methods of Interpreting Plato and His Dialogues (Oxford Studies in Ancient Philosophy, supplementary volume, 1992). Oxford: Clarendon Press, 1992/

"尽管 M. 奈特·沙马兰曾从尼克公司的节目中获得类似灵感……"
Stephen Adamson, "M. Night Shyamalan Got His Idea for His Best Film 'The Sixth Sense' from a Nickelodeon Show?" Moviepilot,July 15, 2015, accessed August 1, 2015, moviepilot.com/posts/2015/07/30/m-night-shyamalan-got-his-idea-for-his-best-film-the-sixth-sense-froma-nickelodeon-show-3427039

"广告公司也确实很难接受创新性的答案或者解决方案……"
Murat Mutlu, "Why Talented Creatives Are Leaving Your Shitty Agency," Mobile Inc., September 2, 2013, accessed August 15, 2015, www. mobileinc.co.uk/2013/09/why-talented-creatives-are-leaving-your-shitty-agency/

"在今天的广告圈里有两个世界……"
Ogilvy One Worldwide, October 10, 2007, accessed August 12, 2015, www.ogilvyone.com/about/history

"托马斯·弗里德曼（Thomas Friedman）在他的《世界是平的》……"

Margie Warrell, "Learn, Unlearn and Relearn: How to Stay Current and Get Ahead," Forbes.com, February 3, 2014, accessed July 6, 2015, www.forbes.com/sites/margiewarrell/2014/02/03/learn-unlearn-and-relearn/#d24365151c87

"按照瓦德华的观点，没有一个行业可以从剧烈的变化中逃脱……"

Vivek Wadwha, "2014 Is Ending, but This Wave of Technology Disruptions Is Just Beginning," Washington Post, December 17, 2014, accessed June 12, 2015, www.washingtonpost.com/news/ innovations/wp/2014/12/17/2014-is-ending-but-this-wave-oftechnology-disruptions-is-just-beginning/

"大卫·茨威格，《隐形超人：点赞办公室里的无名英雄》一书的作者……"

David Zweig, Invisibles: Celebrating the Unsung Heroes of the Workplace (New York: Portfolio, 2014), 125, 126.

"摩尔定律在半导体产业中被应用来指导长期发展计划……"

Dean Takahashi, "Forty Years of Moore's Law," Seattle Times, April 18, 2005, accessed April 7, 2015, www.seattletimes.com/business/ forty-years -of-moores-law/

第 1 章

"在那个时代的听众不知道，霍桑嘉园为此向 WEAF 电台支付了 50 美元……"

John McDonough, "First Radio Commercial Hit Airwaves 90 Years Ago," NPR.org, August 29, 2012. Last modified August 30, 2012, accessed May 12,2015,www.npr.org/2012/08/29/160265990/first-radio-commercial-hit -airwaves-90-years-ago

"实际上，广播广告的想法产生于电话行业……"

William Peck Banning, Commercial Broadcasting Pioneer: The WEAF Experiment, 1922–1926 (Cambridge, MA: Harvard University Press, 1946), 3–31.

"市场调研机构 eMarketer 的一份研究报告表明，尽管还有很多可以获取更多关注的其他选择，大多数大品牌仍然倚重于……"

"TV Advertising Keeps Growing as Mobile Boosts Digital Video Spend," eMarketer.com, April 3 2013, accessed July 19, 2015, www.emarketer.com/Article/TV-Advertising-Keeps-Growing-Mobile-Boosts-Digital-VideoSpend/1009780

"艾娃，25 岁，当时……"
Benjamin Lee, "Ex Machina stunt at SXSW Has Users Falling for a Robot on Tinder," Guardian, March 16, 2015, accessed May 15, 2015, www.theguardian.com/film/2015/mar/16/ ex-machina-stunt-sxsw-users- falling-for-robot-tinder

第 2 章

"一个颠覆性营销人的人格特质核心是什么……"
Daniel Gilbert, Stumbling on Happiness (New York: Alfred A. Knopf, a division of Random House, 2006), 5.

"谷歌的埃里克·施密特和乔纳森·罗森伯格讲述了一种模式……"
Eric Schmidt and Jonathan Rosenberg, How Google Works (New York, Grand Central Publishing Group, 2014), 17.

"1937 年，经济学家罗纳德·哈里·科斯发表了一篇极富影响力的论文《企业的本质》……"
Oliver E. Williamson and Sidney G. Winter, The Nature of the Firm: Origins, Evolution and Development (New York: Oxford University Press, 1993), 18–33.

"到 2015 年，这样的公司大约有 1876 家，分属于 43 个不同的营销技术种类……"
Scott Brinker, "Marketing Technology Supergraphic 2015," chiefmartec. com, January 2015, accessed February 28, 2016, chiefmartec. com/2015/01/marketing-technology-landscape-supergraphic-2015/

"2013 年 5 月，我在《快公司》发表了一篇文章，标题为《内容是新的货币吗？》……"
Geoffrey Colon, " Is Content the New Currency?" FastCompany.com, May 17, 2013, accessed February 28, 2016, www.fastcocreate.com/1682995/ is-content-the-new-currency

"根据高德纳公司 2014 年报告……"

Gartner, "70 Percent of Successful Digital Business Models to Rely on Unstable Processes That Shift with Consumers' Needs by 2017," January 22, 2015, accessed May 15, 2015, www.gartner.com/newsroom/ id/2968317

"王雷,《颠覆数字化商业》一书的作者,他用'恐吓'的方式描述了没采用颠覆性营销的企业可能遭遇的后果……"

Teresa Novellino, "Don't Get Cozy, Fortune 500: It's Do-or-Die time for Digital Disruption, Says This Author," New York Business Journal, June 4, 2015, accessed June 4, 2015, upstart.bizjournals.com/resources/author/2015/06/04/fortune-500-must-disrupt-or-die-writes-r-ray-wang.html

第 3 章

"但是到了 2013 年,艺术大张旗鼓地返回到众多市场促销活动中……"

Alexander Jutkowitz, "Content Marketing: It's Not About Shock, but Good Storytelling," Advertising Age, April 9, 2013, accessed June 4, 2015, adage .com/article/cmo-strategy/content-marketing-stories-news/240776/

"有一本书被很多人认为是历史上最有影响力的管理学著作,即威廉·怀特于 1956 年写的《组织人》……"

William H. Whyte, The Organization Man (New York: Doubleday Anchor Books, 1957).

"英国卫报记者保罗·迈森是这样说的……"

Paul Mason, "The End of Capitalism Has Begun," Guardian, July 17, 2015, accessed July 17, 2015, www.theguardian.com/books/2015/ jul/17/postcapitalism-end-of-capitalism-begun

"劳伦斯·莱斯格,《混音:让艺术和商业在混合经济中发展壮大》一书的作者……"

Lawrence Lessig, Remix: Making Art and Commerce Thrive in the Hybrid Economy (New York: Penguin Books, 2008).

"法国思想家居伊·德波，在他写于1967年的评论文字中……"
Guy Debord, The Society of the Spectacle (New York: Black & Red, 2000).

"约翰·霍金斯在他的专著《创意经济》一书中描写了这种经济的实质……"
John Howkins, The Creative Economy: How People Make Money From Ideas (New York: Penguin Books, 2013).

"理查德·佛罗里达，《创意阶层的崛起》一书的作者……"
Richard Florida, The Rise of the Creative Class . . . and How It's Transforming Work, Leisure, Community & Everyday Life (New York: Basic Books, 2003).

"格伦·雷诺兹在2006年出版了一本书，名为《大卫之军：营销和技术如何让普通人击败大媒体、大政府和其他巨头》……"
Glenn Reynolds, An Army of Davids: How Markets and Technology Empower Ordinary People to Beat Big Media, Big Government and Other Goliaths (New York: Thomas Nelson, 2007).

"实际上，谷歌的埃里克·施密特在2010年说：'我们每两天创造的信息与我们从文明起源开始到2003年创造的内容一样多，大约相当于5艾字节的数据量'……"
MG Siegler, "Eric Schmidt: Every 2 Days We Create as Much Information as We Did up to 2003," Techcrunch, August 4, 2010, accessed August 15, 2015, techcrunch.com/2010/08/04/schmidt-data/

"图 3-1, 3-1(a), 3-1(b) . . ."
"Conventional Organization Model vs. Social Network Model." Illustrations provided by Geoffrey Colon.

第 4 章

"在那年早些时候，《纽约时报》发表了一篇关于'分享的心理'的研究……"
Reb Carlson, "The Psychology of Sharing," Contently, February 24, 2012, accessed July 1, 2015, contently.com/strategist/2012/02/24/psychology-of- sharing/

"创意是多维度的，且体现为各方面共同强化的形式……"

Richard Florida, The Rise of the Creative Class . . . and How It's Transforming Work, Leisure, Community & Everyday Life (New York: Basic Books, 2003), 5.

"2011 年 8 月下旬，墨西哥风味快餐店 Chipotle 推出了一部由威利·纳尔逊出演的影片……"

John Bell, " Chipotle: Building Content Marketing on a Story Platform, " The Digital Influence Mapping Project, April 7, 2014, accessed August 1, 2015, johnbell.typepad.com/weblog/2014/04/ chipotle-building-content- marketing-on-a-story-platform.html

"劳拉·斯塔克，《执行即策略》一书的作者，解释说：当 MBA 们只想制定策略的时候，企业和个人注定都会失败……"

Laura Stack, Execution Is the Strategy: How Leaders Achieve Maximum Results in Minimum Time (Oakland, CA: Berrett-Koehler, 2014).

"我们很快进入了一个新的时代，作家约书亚·克莱恩称之为'声誉经济'的时代……"

Joshua Klein, Reputation Economics: Why Who You Know Is Worth More Than What You Have (New York: Palgrave Macmillan, 2013).

"2015 年 7 月 30 日，NBC 环球向 BuzzFeed 和 Vox 投入巨资……"

Kara Swisher and Peter Kafka, " NBCUniversal Poised to Make Big Investments in BuzzFeed and Vox Media, " Re/code, July 30, 2015, accessed August 2, 2015, recode.net/2015/07/30/nbcuniversal-poised-to-makebig- investments-in-buzzfeed-and-vox-media/

"作家、企业家弗兰斯·约翰逊把它叫作"'美第奇效应……'

Frans Johansson, The Medici Effect (Cambridge, MA: Harvard Business Review Press, 2004)

"史蒂夫·乔布斯曾经有一段名言……"

George Beahm, I, Steve: Steve Jobs in His Own Words (Evanston, IL: Agate B2 Publishing, 2011).

"在《免费：商业的未来》一书中，克里斯·安德森列举了……"

Chris Anderson, Free: The Future of a Radical Price (New York: Hyperion, 2009).

"《创意智商》一书的作者布鲁斯·努斯鲍姆就是这么想的……"

Bruce Nussbaum, Creative Intelligence: Harnessing the Power to Create, Connect, and Inspire (New York: Harper Business, 2013).

第 5 章

"我们经常能读到有关共同愿景的迷姆文化的文章……"

Stowe Boyd, "The Future of Engagement." Stoweboyd.com, June 17, 2015, accessed June 30, 2015, stoweboyd.com/post/121748537472/ the-future-of-engagement

"根据资本市场估值看看 2015 年市值最高的五家公司，会发现什么呢？这是名单……"

Anne-Britt Dullforce, "FT 500 2015 Introduction and Methodology," Fina-n cial Times, June 19, 2015, accessed February 28, 2016, www. ft.com/intl/cms/s/2/1fda5794-169f-11e5-b07f-00144feabdc0 .html#axzz41WLTZbPp

Financial Times FT 500 2006: Quarter One, March 31, 2006, accessed February 28, 2016, im.ft-static.com/content/images/b970931e-c2f8-11da-a381-0000779e2340.pdf

Financial Times FT 500 2006: Quarter Two, June 30, 2006, accessed February 28, 2016, im.ft-static.com/content/images/8bd31770-0a7d-11 dbb595-0000779e2340.pdf

Financial Times FT 500 2006: Quarter Three, September 30, 2006, accessed February 28, 2016, im.ft-static.com/content/images/d6af3604-51f2-11dbbce6-0000779e2340.pdf

Financial Times FT 500 2006: Quarter Four, December 31, 2006, accessed February 28, 2016, im.ft-static.com/content/images/ff835864-a646-11db-937f-0000779e2340.pdf

"2009 年，《连线》杂志发表了一篇名为《接受失败：关于失败的神经科学理论》的文章……"

Jonah Lehrer, "Accept Defeat: The Neuroscience of Screwing Up," Wired.com, December 21, 2009, accessed August 15, 2015, www.wired. com/2009/12/fail_accept_defeat/

"达斯廷·威尔逊·桑德林是 YouTube'每天更聪明'频道的工程师和制作人,他曾经做过这个实验……"

Fiona Bessey-Bushnell, "The Backwards Brain Bicycle," Scoutie Girl, September 7, 2015, accessed September 10, 2015, www.scoutiegirl.com/ the-backwards-brain-bicycle/

"蒂姆·布朗,《IDEO,设计改变一切》的作者,他把'设计思维'描述为……"

Tim Brown, Change by Design: How Design Thinking Transforms Organizations and Inspires Innovation (New York: Harper Business, 2009), 3–10.

"企业家兼慈善家纳文·杰恩,世界创新研究院的创始人……"

Naveen Jain, "Rethinking the Concept of 'Outliers': Why Non-Experts Are Better at Disruptive Innovation," Forbes.com, July 12, 2012, accessed August 1, 2015, www.forbes.com/sites/singularity/2012/07/12/rethinking-the-concept-of-outliers-why-non-experts-are-better-atdisruptive-innovation/#4ccccdf52580

第 6 章

"亚力克·福奇,《工匠精神》一书的作者……"

Alec Foege, "The Tinkerers: How Corporations Kill Creativity," Salon .com, December 30, 2012, accessed August 12, 2015, www.salon .com/2012/12/30/the_tinkerers_how_corporations_kill_creativity/

"汤博乐就卖给了雅虎,价格是 11 亿美元……"

Shane Dixon Kavanaugh, "David Karp Sells Tumblr to Yahoo! for $1.1 billion", New York Daily News, May 19, 2013, accessed May 24, 2015, www.nydailynews.com/news/national/ yahoo-acquire-tumblr-1-1-billion-article-1.1348552

"他在奥美讨论的时候,解释了……"

Geoffrey Colon, "Tumblr CEO David Karp Speaks to Social@Ogilvy," YouTube.com, September 28, 2012, accessed July 6, 2015, www. youtube.com/watch?v=bXss70BpaLY

"苏珊·恩格尔是美国威廉姆斯学院的心理学教授。她撰文说明了儿童好奇心……"

Susan Engel, "Children's Need to Know: Curiosity in Schools," Harvard Educational Review 81 (2011): 625–645, accessed June 11, 2015, www. academia.edu/1268822/ Children_s_Need_to_Know_Curiosity_in_Schools

"在一份 CMO.com 的研究中，弗吉尼亚大学教授金伯利·惠特勒深入分析了……"

Kimberly A. Whitler, "2015 CMO Impact Study: Executive Summary," CMO.com, May 2015, accessed June 10, 2015, www.cmo.com/content/ dam/CMO_Other/articles/2015CMOImpactStudy/2015CMOImpact Study_ExecutiveSummary.pdf

"戴维·帕卡德，惠普公司的联合创始人，曾说……"

Ira Kalb, "You Have to Be a Little Crazy To Be a Marketing Consultant," Huffington Post, May 19, 2015, accessed May 31, 2015, www. huffingtonpost.com/ira-kalb/you-have-to-be-a-little-c_b_7337630.html

"我第一次读到这种哲学是在 2010 年的一本书《重来：更为简单有效的商业思维》中，作者是贾森·弗里德和戴维·海涅迈尔·汉森……"

Jason Fried and David Heinemeier Hansson, Rework (New York: Crown Business, 2009), 193–194.

"约翰·梅尔，来自美国新罕布什尔大学，彼得·沙洛维，来自耶鲁大学，由他们创造的'情商'这一概念是指……"

John D. Mayer, Peter Salovey, David R. Caruso, "Emotional Intelligence: Theory, Findings, and Implications," Psychological Inquiry, 15 (2004) 197–215.

第 7 章

"伊恩在一家名为'媒介'的内容发行网站上发表了一篇文章……"

Ian Schafer, "WTF is Social Media Anyway?" Medium.com, August 10, 2015, accessed August 10, 2015, ianschafer.com/wtf-is-social-media- anyway-4862507b63bb

"有谁不想在一家价值 8.5 亿美元的公司里工作呢？"

Peter Kafka, "NBCUniversal Buys Big Chunks of Vox Media and BuzzFeed," Re/code, August 12, 2015, accessed August 12, 2015, recode.net/2015/08/12/nbcuniversal-buys-big-chunks-of-vox-media-and- buzzfeed/

"图 7-1　BuzzFeed 营销反馈表"

Image redrawn and designed by author with permission by Ashley McCollum of BuzzFeed, Buzzfeed.com, 2015.

"克里斯·安德森在他 2006 年出版的《长尾理论》一书中谈到了这个问题……"

Chris Anderson, The Long Tail: Why the Future of Business Is Selling Less of More (New York: Hyperion, 2005), 83–84.

"图 7-2　参与结构图"

Image courtesy of Chris Anderson and The Long Tail Blog. Chris Anderson, "The New Architecture of Production," longtail.typepad.com, August 2, 2005, accessed June 7, 2015, longtail.typepad.com/the_long_ tail/2005/ 08/the_new_archite.html

"2014 年，爱迪生研究机构发现，3900 万美国人在一个月内收听过播客节目……"

Nancy Vogt, "Podcasting Fact Sheet," Pew Research Center, April 29, 2015, accessed May 1, 2015, www.journalism.org/2015/04/29/ podcasting-fact-sheet/

第 8 章

"如果米切尔的预测是正确的，我们的生活会像那部史上最具争议性的纪录片《公共生活》里所描述的那样吗……"

We Live in Public. "Watch the We Live in Public Movie Trailers," accessed February 27, 2016, weliveinpublic.blog.indiepixfilms.com/

"1998 年，麻省理工学院媒体实验室的信息技术权威尼古拉斯·尼葛洛庞帝在《连线》杂志上发表文章说……"

Nicholas Negroponte, "Beyond Digital," Wired.com, December 1, 1998, accessed July 1, 2015, www.wired.com/1998/12/negroponte-55/

第 9 章

"在这部电影最为紧张的一幕中……"

Roger Ebert, " Glengarry Glen Ross," October 2, 1992, accessed June 12, 2015, www.rogerebert.com/reviews/glengarry-glen-ross-1992

"《广告时代》杂志总编肯·惠顿（Ken Wheaton）对此并不完全认同……"

Ken Wheaton, " Forget Disruption, Just Get Better at Interruption," Advertising Age, July 13, 2015, accessed July 13, 2015, adage.com/article/ ken-wheaton/focusing-disruption-interruption/299447/

"苏珊·凯恩在她的经典作品《内向性格的竞争力》中……"

Susan Cain, Quiet: The Power of Introverts in a World That Can't Stop Talking (New York: Broadway Books, 2012), 21, 51.

"图 9-1 一分钟之内，互联网上发生了什么，2012 ~ 2014"

Image courtesy of Domo.com, accessed March 17, 2016, www.domo.com/ learn/data-never-sleeps-2

第 10 章

"凯捷集团，一家法国咨询技术公司，把 IAAS 定义为……"

Capgemini.com, " Insights as a Service," accessed June 13, 2015, www .capgemini.com /insights-data/insights/insights-as-a-service

第 11 章

"Buycott 是一款 App，创始人伊万·帕尔多是一个住在洛杉矶的软件开发者……"

Clare O'Connor, " New App Lets You Boycott Koch Brothers Monsanto and More by Scanning Your Shopping Cart," Forbes.com, May 14, 2013, accessed July 23, 2015, www.forbes.com/sites/clareoconnor/2013/05/14/ new-app-lets-you-boycott-kochbrothersmonsanto-and-more-by-scanning-your-shopping-cart/

"我在 Bing 广告时的同事黄林最近在研究……"
Lin Huang "How Social Signals Affect Brand Reputation." Paper presented at Search Marketing Exposition Advanced, Seattle, Washington, June 2–3, 2015, www.slideshare.net/SearchMarketingExpo/ how-social-signals- affect-brand-reputation-by-lin-huang

"为了测试这个理论,我有时候会请我的千禧一代的朋友阅读……"
"Steve Ballmer quotes," Searchquotes.com, accessed August 12, 2015, www.searchquotes.com/quotation/We've_grown_from_18%25_of_the_ profits_of_the_top_25_companies_in_our_industry_to_23%25_of_the_ profits_of/45306/

"千禧一代每十个人中有七个认为自己是社会行动者,这个结论来自于 TBWA 全球机构 2011 年的一份研究报告……"
Mitch Nauffts, " [Infographic] The Future of Social Activism," Philanthropy News Digest, September 21, 2013, accessed July 21, 2015, pndblog.typepad.com/pndblog/2013/09/infographic-the-future-of-social-activism.html

第 12 章

"在排名全美前五十的大学的商学院院长中,菲利普斯是少有的非洲裔美国人,他也是一位教育领域的未来学家……"
Gwen Moran, "The Dean Reinventing the MBA Program and Challenging Diversity Assumptions," FastCompany.com, March 9, 2015, accessed April 18, 2015, www.fastcompany.com/3043248/strong-female-lead/lehigh-universitys-new-dean-on-challenging-diversity-assumptions

尾声

'政治家和学者劳伦斯·莱斯格在他的著作《思想的未来》一书中描述了这种效应。他解释说,媒体和内容发布的集中度最终将逐渐弱化……"
Lawrence Lessig, The Future of Ideas: The Fate of the Commons in a Connected World (New York: Vintage, 2002), 119.

拓展阅读

想要成为颠覆性营销人,下面10本书你也应该阅读:

01 《翻转世界:互联网思维与新技术如何改变未来》(*I Live in the Future and Here's How It Works: Why Your World, Work, and Brain Are Being Creatively Disrupted*),尼克·比尔顿(Nick Bilton),New York, Crown Business, an imprint of the Crown Publishing Group, a division of Random House, Inc., 2010。中文版由浙江人民出版社2014年出版。

02 《重新定义公司:谷歌是如何运营的》(*How Google Works*),埃里克·施密特、乔纳森·罗森伯格,New York, Grand Central Publishing, a division of Hachette Book Group, Inc., 2014。中文版由中信出版社2015年出版。

03 《创意阶层的崛起》(*The Rise of the Creative Class . . . and How It's Transforming Work, Leisure, Community, and Everyday Life*),理查德·佛罗里达,New York, Basic Books, 2002。中文版由中信出版社2010年出版。

04 《眨眼之间：不假思索的决断力》(*Blink: The Power of Thinking Without Thinking*)，马尔科姆·格拉德威尔，New York, Little, Brown and Company, 2005。中文版由中信出版社 2011 年出版。

05 《精益创业：新创企业的成长思维》(*The Lean Startup: How Today's Entrepreneurs Use Continuous Innovation to Create Radically Successful Businesses*)，埃里克·莱斯（Eric Ries），New York, Crown Business, 2011。中文版由中信出版社 2012 年出版。

06 《长尾理论：为什么商业的未来是小众市场》(*The Long Tail: Why the Future of Business Is Selling Less of More*)，克里斯·安德森，New York, Hyperion, 2006。中文版由中信出版社 2015 年出版。

07 《群体的智慧：如何做出最聪明的决策》(*The Wisdom of Crowds*)，詹姆斯·索罗维基（James Surowiecki），New York, Anchor Books, 2004。中文版由中信出版社 2010 年出版。

08 《全新思维：决胜未来的 6 大能力》(*A Whole New Mind: Why Right-Brainers Will Rule the Future*)，丹尼尔·平克（Daniel H. Pink），New York, Riverhead Books, 2005, 2006。中文版由浙江人民出版社 2013 年出版。

09 《商业设计：通过设计思维构建公司持续竞争优势》(*The Design of Business: Why Design Thinking Is the Next Competitive Advantage*)，罗杰·马丁（Roger Martin），Cambridge, MA, Harvard Business Press, 2009。中文版由机械工业出版社 2015 年出版。

10 《离经叛道：不按常理出牌的人如何改变世界》(*Originals: How Non-conformists Move the World*)，亚当·格兰特（Adam Grant），New York, Viking, 2016。中文版由浙江大学出版社 2016 年出版。

访谈对象

史蒂夫·戈德纳——SocialSteve.wordpress.com

弗兰克·罗斯——《头脑洗礼的艺术：数字一代如何重塑好莱坞、麦迪逊大道、我们讲故事的方式》一书的作者

安东尼·德·罗萨——原新闻站点 Circa 和路透社编辑。现在担任特雷弗·诺亚（Trevor Noah）主持的每日秀数字产品经理

大卫·布鲁克斯——奥美高级副总裁

崔丝·麦肯齐——波士顿学院企业公民中心（Boston College Center for Corporate Citizenship）营销与沟通总监

妮可尔·斯腾博克——微软表层界面（Surface）高级项目经理

戴维·卡普——汤博乐创始人

伊恩·舍费尔——Deep Focus 创始人兼 CEO

迈克·司崔特——Burrell Communications 数字化和社会化策略师，Smart-BrownVoices 播客

朱利安·米切尔——BuzzFeed 高级品牌文案

艾莉森·海明——枪手 CEO

杰克·陈——社交媒体经理

丽贝卡·卡尔森——Master Dynamic 社会化媒体经理，曾在 Sprinklr 工作

埃里克·德拉姆——GLOW 数字化代理机构数字化策略师

马修·伍德吉特——微软故事文案

乔吉特·查普曼·菲利普斯——利哈伊大学工商与经济学院院长

唐纳·克里斯坦森——Facebook 产品设计师

阿什莉·麦考仑——BuzzFeed 商务发展与沟通副总裁

安·约翰——纽约市弗莱迪昂学校教务主任

珍妮弗·莫斯——可塑性实验室联合创始人

辛迪·阿尔维兹——Yammer 总监

多娜·沙克尔（Dona Shakar）——微软 Hololens 项目流程经理

斯科特·兰姆（Scott Lum）——内容营销和社交媒体策略师

马特·瓦雷尔特（Matt Wallaert）——微软风投（Microsoft Ventures）行为科学家

关于作者

杰弗里·科隆在微软位于华盛顿州贝尔维尤市的办公室工作,担任传达设计师和社会化数据专家。他的主要工作集中于运用社会化数据和数字化工具,为微软搜索广告产品提供增长式营销推广。杰弗里领导了一个由颠覆性营销人组成的开发团队,创造、执行和评估跨界性的"创意-分析学组合"策略,引导微软的Bing广告产品的广告客户获得产品教育、产品采用、连接和文化洗礼。他还是一个在众多话题领域的专家,这些话题包括个人品牌、零工经济、企业社会化、职业的未来、内容营销和播客等。

在2013年加入微软前,杰弗里在位于奥美纽约的办公室担任数字战略副总裁。在这个岗位上,杰弗里为IBM创造并执行了社会化策略方案。他作为作者,为广告代理公司提供了数篇非常具有思想领导力的文章,其中一篇成为《快公司》杂志很有影响力的内容。

杰弗里有20年的营销经验。他曾作为甲方或乙方在多个不同的营销部门里工作过,其中也有非常知名的品牌,包括IBM、红牛、Spotify、Netflix、《经济学人》杂志以及食品网(Food Network)。他曾在创业企业工作过数年,也在音乐行业中做过DJ,曾经商业发行过多张混音合辑。他的合作伙伴包括一些知名的音乐人,包括布兰妮·斯皮尔斯(Britney Spears)、克里斯蒂娜·阿奎莱拉(Christina)、白色条纹乐队（The White Stripes）和 Moby。

杰弗里1994年毕业于利哈伊大学，拥有文学学士学位，专业为记者和大众传播。他面向创新思维主持了一个周播性的营销播客，名为"颠覆性电台"，还在 DisruptiveMarket.com（颠覆性营销网）上持续更新博客。他为很多媒体提供原创文章，包括领英、Medium 和微软搜索广告博客。他的言论被不同的出版物和媒体文章所引用，包括在 NPR（美国全国公共电台）上播出的《市场》栏目、《华尔街日报》、*Billboard* 杂志、《洛杉矶时报》、《广告时代》杂志、*Digiday* 等。他还是一名国际营销会议中的热心演讲人。这是他的第一本著作。

译后记

不读营销书是我最近十几年养成的坏毛病。现在每年中文出版的营销类书籍可以说是汗牛塞屋。我都没有读过，很难比较，也很难给予公允的评价。实际上，刚入行的几年里，我读过不少营销类的书籍，基本可分为四类：第一类是体系。MBA学生的教材要么大而全，要么就是关于特定主题，比如渠道、促销、产品、组织管理等的专著。第二类是案例，包括"什么是什么""什么为什么"之类的商战作品，也有很多广告公司代为总结的各种实战案例。后两类是鸡汤和手册。鸡汤不说了，手册特别适合作为广告公司的提案模板，或者是企业制订营销计划框架文件。读了三四年，基本千篇一律，后来除非是写作业需要，我基本不再看了。

本书不一样。最大的不一样在于，它要颠覆的就是原有的、来自于历史总结的"体系""案例""方法"这些东西。作者本身不是一个西装革履的广告精英，而是一个DJ出身的播客（假如我们忽略他的奥美经历，忽略他的很多营销案例和研究文章）。一个做直播的人，会成为大师吗？他凭什么挑战经典理论，挑战我们这个可以与总统比肩的职业？增长黑客、数据朋克、混合式思考者，这都是些什么？凭什么进入我们高大上的营销殿堂？

我从作者处接收到的观点是：营销界需要引进圈子外的想法，需要更多的跨界的人。以往的经验或者个人的从业资历不再是战士的勋章了，而更像是一种思想负担，束缚着营销人做出改变。

我还接收到这样的观点：如何评价营销的成功，前提是对成功进行重新定义。在传统KPI指标下的营销更像是带着镣铐跳舞，甚至可能越做越错。新的标准应该是增长和客户体验。（很熟悉的互联网语言，是不是？）

在作者这里，组织体系、MBA、品牌，甚至投资回报率、经营效率这些核心概念都不是那么重要了。客户体验、企业社会责任、连接与沟通、客户创造与分享，这些才是新经济下的关键词。

我从本书学到，这是一个经营主权正在发生转移的时代。第二次世界大战之后，知识经济下大公司是聚合专业形成规模化生产的必要组织形式。但大公司也带来大公司病。甚至带动整个社会，哪怕是小企业，或者小团体，也会有大公司病。服从权威，推诿责任，避免风险，厌恶创新，强调专业，硬化层级，控制信息，单向传播……在物质与信息极其丰富的时代，这样做不行了，必须将经营交给社会。当然第一步是将企业传播的权利交给顾客。由顾客创造内容，由顾客分享内容，企业要做的只有两件事：第一，提供优质产品，履行社会责任；第二，激发并支持顾客的创作和分享。这也就是：用"同谋的私语"，让受众进入到迷醉状态，与他们进行头脑的洗礼（Immersion）——这句话如何理解？请阅读本书。但我相信你需要更长的时间反复体会，才会有真正的理解。

品牌的传统定义是：客户的体验总和。好的品牌就是在客户心目中建立并传播有利于你的经营活动的体验。颠覆性营销说的是，客户是品牌的主人，他们主动创造并分享品牌，而企业只是客户创造欲的激发者、服务者和产品的供应执行者。

也许有人会说，是不是因为我翻译了本书，所以我会给它如此高的评价。不，相反，此时的我战战兢兢，担心因为我粗陋的文字风格，影响了你对本书提出的一些营销课题和思维观念的思考。（有没有发现，我从不直接引用作者的话，甚至不说这是作者的话，而是我理解的作者的话？）作者提到，希望本书提供的思维方式，在一个瞬息万变的营销世界里，在一个热点频出的话题里，在未来五年，甚至十年都能有保留价值。我认为他应该能做到。

作者有一个观点，找到客户的最佳方式是找到客户经常出现的地方。本书其实不仅仅是提供理论，也在附录中列举了很多营销的工具。这些工具一方面提供了这些地方的清单，另一方面提供了在这些地方进行推广的手段清单。当然，这是基于当前欧美互联网环境所做的列举，既有时效性的限制，也有地域文化差异的限制。对中国企业和营销人来说，在适用过程中需要进行一定的调整。

我个人认为，其中的调整包括三个方面：第一，具体站点和手段方面的调整。第二，与政府组织、社区组织和传统行业中的大型企业（特别是拥有大量线下渠道的企业和组织）、中国知名电商企业、具有中国特色的直播平台、自媒体公众号的创新合作方式。第三，基于企业社会责任而设计的众筹、众包或大众参与的创新营销模式。

曾经有很多报道说，中国的互联网社会已经形成了全球领先的优势。我不是专家，不敢置喙。但我认为，至少在电商领域，包括支付、物流、点评体系、专业外包服务、微商拓展方面，中国特色确实已经转化为中国优势。从颠覆性营销的思维模式推导，这些不仅仅是为营销提供了创新基础和实施支持，它们本身也成为创新的诉求和内容分销渠道。对于中国的营销人来说，我期待看到更多的跨界人才在这个方面进行理论总结、案例研究、工具设计及资源协调，期待这些研究和实践活动对作者提供的清单进行巨大的颠覆。

著名企业家和经营思想者冯仑曾说："学先进，傍大款，走正道"。颠覆性营销就是先进的思维模式，大款就是中国特色的影响力组织和企业、流量庞大的媒体渠道以及广大参与型消费者，走正道就是创新型的消费者主权的商业模式。

以此共勉。

邱凯生